IHR
MÜSST KEIN KOPFTUCH
TRAGEN

ABDEL-HAKIM OURGHI

IHR **MÜSST KEIN KOPFTUCH** TRAGEN

Aufklären statt Verschleiern

claudius

Die zitierten Koranverse wurden übersetzt von Rudi Paret (Der Koran. Übersetzung, Stuttgart [11]2010), Hartmut Bobzin (Der Koran. Aus dem Arabischen neu übertragen, München 2010) sowie vom Autor selbst.

Für meine Mutter Zoulikha in dankbarer Verbundenheit.

MIX
Papier aus verantwortungsvollen Quellen
FSC® C083411

Mehr Bäume. Weniger CO_2.
www.cpibooks.de/klimaneutral

www.claudius.de

Umschlaggestaltung: Weiss Werkstatt, München
Coverfoto: © shutterstock/mrcmos
Layout: Mario Moths, Marl
Gesetzt aus Times New Roman und der Neris
Druck: cpi – Clausen & Bosse, Leck

ISBN 978-3-532-62821-8

INHALT

1. Einleitung

> In der Unmündigkeit gehorcht man in jedem Fall, sei es im privaten oder im öffentlichen Gebrauch, und folglich räsoniert man nicht.
>
> *Michel Foucault*[1]

Die zehnjährige Mariam hat die Grundschule abgeschlossen und erzählt ihrer besten Schulfreundin Eveline am Ende der Sommerferien im September 2015, dass sie sich entschieden hat, ab dem neuen Schuljahr im Gymnasium das Kopftuch zu tragen. Ihre schiitischen Eltern stammen aus dem Irak, die Eltern von Eveline sind protestantische Pfarrer. Mariam ist das jüngste von vier Kindern, sie hat zwei Brüder und eine 19-jährige Schwester. Sie ist ein bildhübsches Mädchen mit lockigem Haar und einem unschuldigen, kindlichen Lächeln. „Meine Religion schreibt mir vor, ein Kopftuch zu tragen, und ich bin über meine Entscheidung glücklich“, erklärt sie ihrer Freundin. „Meine Eltern haben nichts dagegen, denn meine Mutter bedeckt auch ihr Haar. Nur meine älteste Schwester, die selbst kein Kopftuch trägt, warnt mich heimlich davor. Sie meint, dass ich von der Gesellschaft ausgeschlossen und keine Arbeit finden werde.“ Ergänzend teilt Mariam mir mit, dass alle ihre Freundinnen in der Moschee das Kopftuch tragen.

Die 25-jährige sunnitische Hanan erzählt mir in akzentfreiem algerischen Dialekt, dass sie mit sechs Jahren begann, ihren Vater zum Freitagsgebet in die arabische Moschee zu begleiten. Es machte ihr Spaß, dort mit den Jungs zu spielen.

Ihre Eltern kamen zu Beginn der 1990er-Jahre wegen des algerischen Bürgerkriegs nach Karlsruhe, wo sie bis heute leben. Ihre Mutter war Geschichtslehrerin in Oran, das Kopftuch trägt die Mutter erst, seit sie hier in Deutschland ist. Jeden Samstag besuchte Hanan die Moschee, um Hocharabisch zu lernen. In dem nach Geschlechtern getrennten Unterricht trugen alle Mädchen Kopftuch, auch die Lehrerin. Als Hanan zwölf Jahre alt war, befahl ihr ihr Vater, ebenfalls das Kopftuch zu tragen. Sie leistete damals keinen Widerstand. Den Eltern darf man in der islamischen Kultur nicht widersprechen. Wenn es um Respekt und Gehorsam gegenüber den Eltern geht, so erinnert mich das an eine Stelle im Koran (Koran 17:23): Kinder sollen sich gegenüber den Eltern gut benehmen, heißt es dort. Man darf sie nicht anfahren oder tadeln, sondern sollte sich ihnen gegenüber ehrerbietig und gefügig verhalten. Nachts jedoch habe sie in den ersten zwei Jahren heimlich in ihrem Bett geweint, erzählt sie, denn sie wollte wie alle anderen Mädchen sein.

Ursula, eine Doktorandin der Ethnologie, ist konvertiert und heißt inzwischen Fatema. Sie ist mit einem Tunesier verheiratet. Felsenfest überzeugt von dem Verschleierungsgebot sagt sie mir: „Um Muslima zu werden, reicht es nicht aus, einen neuen muslimischen Namen zu wählen, auch das Tragen des Kopftuchs gehört dazu. Der Schleier ist doch eine islamische Vorschrift, die auch im Koran nachzulesen ist. Darüber hinaus demonstriert man seine religiöse Identität nach außen durch das Kopftuch.“ Ihre achtjährige Tochter Salma trägt bereits den Schleier, allerdings nur bei den Treffen der muslimischen Gemeinde. Sie konnte die Hänseleien ihrer Klassenkameraden bezüglich ihres Kopftuchs nicht mehr ertragen – einige Mitschüler hatten sie als „Turban-Tussi“ bezeichnet.

Vor elf Jahren konvertierte die protestantische Niederländerin Marjolein zum Islam. Heute lebt die 33-Jährige in Deutschland. Sie hat ihren Master im Fachbereich Sozialarbeit in den Niederlanden und in Freiburg abgeschlossen. Sie vertritt folgende Meinung: „Die Debatte um das Kopftuch in Deutschland regt mich sehr auf, und ich finde es inzwischen sinnlos, über ein Kleidungsstück zu diskutieren. Jeder soll anziehen, was er will. Wir Muslime führen auch keine öffentlichen Debatten über den Bikini oder die Kleidungsgewohnheiten der anderen. Wenn Nonnen ihr Ordensgewand an Schulen tragen, hat diese Kleidung eindeutig religiöse Hintergründe, aber keiner von uns spricht darüber. Das Kopftuch ist eine persönliche und private Sache. Ich trage es, weil ich überzeugt bin, dass es eine religiöse Pflicht ist. Genau wie bei meinem Gebet tue ich damit etwas für Gott. Die ersten zwei Jahre nach meiner Konversion habe ich kein Kopftuch getragen. Das hatte für mich keine Priorität. Außerdem musste ich meine Konversion vor meinen Eltern verheimlichen. Hätte ich eine Tochter, so sollte sie ab der Pubertät das Kopftuch tragen. Wenn sie das ablehnen würde, wäre es ihre Sache. Ich selber wurde jahrelang zum Kirchenbesuch gezwungen. Das bewirkte das Gegenteil. Pädagogisch gesehen war es nicht richtig."

Im Vergleich zu Hanan und Mariam, die muslimisch sozialisiert aufwuchsen, haben sich Konvertitinnen wie Ursula und Marjolein oft aus freien Stücken und aufgrund einer Lebenskrise für den Islam entschieden. Sie suchen nach der Anerkennung der Angehörigen ihrer neuen Religion und möchten die Zugehörigkeit zur Gemeinde auch durch ihr Äußeres demonstrieren. Dennoch ist ihre Entscheidung für die Verschleierung[2] nicht unbedingt eine freie Entscheidung, sondern mit der Angst verbunden, von der neuen Gemeinde nicht angenommen zu werden. Diese Frauen wissen genau, dass sie nur durch das Tragen des Kopftuches von anderen Muslimen ernstgenommen werden und sich nur so integrieren können. Diese Tatsache zeigt, dass Konvertitinnen aufgrund ihrer unbewussten Angst, nicht akzeptiert zu werden, zum Kopftuch greifen. Darüber hinaus kennen sie sich nicht mit der muslimischen Sozialisation in den Familien aus. Sie haben diese nicht selbst erlebt und können niemals verstehen, wie sehr der feste Glaube an den Islam ein essentieller Bestandteil in der elterlichen Erziehung ihrer Glaubensschwestern war. Sie mussten nie die durch Angst bestimmte Erziehung muslimischer Eltern erleben.

Aufschlussreich ist dabei die Anwendung der Prototypentheorie[3], die die gemeinsamen Merkmale der befragten Mädchen und Frauen herausstellt. Im Rahmen dieser Kategorisierung verbindet die Frauen nicht nur ihr Äußeres, sondern auch ihre religiöse Überzeugung – obwohl sie alle in verschiedenen Kulturen leben. Sie alle sind der Überzeugung, dass die Körperbedeckung eine Basis des Muslima-Seins ist. Zum Zweiten scheint es auf den ersten Blick so, dass die Frauen sich jeweils in unterschiedlichem Alter freiwillig für die Verschleierung entschieden haben. Die Realität jedoch sieht anders aus. Prototypisch für diese Frauen ist, dass sie sich den Machtstrukturen ihrer Gemeinden angepasst haben, die durch die männliche Herrschaft gekennzeichnet sind. „Männliche Herrschaft“ bezeichnet hier die soziale Praxis, die anhand der religiösen Quellen (Koran und Sunna) legitimiert wird. Die Frauen haben sich die kulturellen Grundsätze der Mächtigen in den muslimischen Gemeinden zu eigen gemacht. Ihr Kopftuch soll nicht nur in der Gesellschaft deutlich sichtbar sein, sondern auch die eigenen Kinder sollen sich auf die männliche Herrschaft einstellen.

Die Mädchen müssen durch Erziehung dazu gebracht werden, sich frühzeitig für das Kopftuch zu entscheiden. Nicht nur das äußere Erscheinungsbild soll als kulturelle Symbolik unter dem Deckmantel des Religiösen für sich sprechen, die Mädchen sollen auch schnell erkennen, dass sie durch ihr Anderssein etwas Eigenes, Besonderes sind. Diese Art der erzieherischen Vorbereitung soll jegliches kritische Hinterfragen der gegebenen Strukturen unterbinden.

Die Auseinandersetzung mit der Kopftuchdebatte kann nicht abseits der Frage, ob der Islam zum Westen gehört, erörtert werden, denn der Islam mit seinen Anhängern gehört inzwischen auch zu Deutschland. Davon sind zumindest die hierzulande in einem säkularen und pluralistischen Land agierenden muslimischen Interessenverbände und ihre Anhänger überzeugt. Ein konstruktiver Dialog mit dem Islam setzt selbstverständlich die Anerkennung der Muslime und ihrer Religion als Teil der religiösen und sozialen Identität Deutschlands voraus. Fakt bleibt jedoch, dass auch im Westen eine islamische Identität im pluralistischen Sinn besteht, die durch innerislamische Differenzen geprägt wird. Genauer gesagt: Ein homogener Islam im Singular existiert nicht, sondern es handelt sich um einen heterogenen Islam im Plural. In dieser Situation erscheint die Frage legitim, welche Art von Islam zu Deutschland gehören soll.

Während viele Menschen in der Mehrheitsgesellschaft felsenfest davon überzeugt sind, dass die Muslime, nicht aber der Islam zu Deutschland gehören, vertreten zahlreiche andere inzwischen die Sichtweise, dass ein konservativ-politischer Islam verbunden mit einem Missionierungsauftrag gegenüber dem Westen und einer Re-Islamisierung der hierzulande geborenen muslimischen Kinder in unserem Land nichts zu suchen hat. Solch ein Islam ist in der Tat weder mit dem Grundgesetz noch mit dem demokratischen Rechtsstaat und den Menschenrechten vereinbar. Ein nicht reformierter Islam, der auf dem von Menschen erdachten Konstrukt der Scharia basiert, passt in keine freiheitliche und pluralistische Gesellschaft. So bleibt die Angst vor dem Islam zweifellos berechtigt, wenn man etwa an diejenigen Gemeinden denkt, die als eine Art Gegengesellschaft mit dem Rechtsstaat konkurrieren, oder an die Vorstellungen von konservativen Muslimen und Salafisten bezüglich einer „Islamisierung" des Westens. Nur ein reformierter Islam kann zum Westen gehören, denn nur er lässt sich mit Werten wie Demokratie, Menschenrechten und Pluralismus vereinbaren. Gemeint ist also ein humanistischer Islam, dessen ethische Wurzeln in den muslimischen Quellen zu finden und mit dem historischen Diskurs des Islam verwoben sind. Berücksichtigt man die seit 1300 Jahren bestehenden engen Kontakte zwischen dem Abend- und dem Morgenland, gehört der Islam sicherlich nicht nur zu Deutschland, sondern zum gesamten Abendland. Trotz zahlreicher Kriege waren diese Begegnungen stets auch von einem kulturellen Austausch geprägt.

In der Realität erweist sich jedoch, dass der politische Islam eine gefährliche militante Ideologie ist, die die Herrschaft über die ganze Welt anstrebt. Konservative Muslime sind der Überzeugung, dass der Islam eine staatliche Ordnung ist, die einen Totalitäts- und Universalitätsanspruch auf die gesamte Menschheit erhebt. Radikale Muslime setzen diese Überzeugung durch Gewalt in die Tat um. Aufgeklärte Reformer vertreten hingegen die These, dass der Islam in seinen vielfältigen Auslegungen eine geistige Bewegung ist, die die Bindung des Individuums an Gott festigen will. Sie beinhaltet ein religiöses Angebot spiritueller Werte, die ein tiefes religiöses Leben ermöglichen und fördern. Entsprechend dieser Sichtweise gehört zum Westen nur der reformierte und aufgeklärte Islam auf der Basis einer reflektierenden, kritischen Vernunft. Ein Abrücken von dieser klaren Unterscheidung kann nur in Betracht ziehen, wer die Realität ignoriert.

Mit Nachdruck muss betont werden, dass ein Islam ohne Selbstkritik nicht zum Westen gehören kann und ein als Machtideologie verstandener Islam im Westen zum Scheitern verurteilt ist. Viele Muslime im Westen können es jedoch inzwischen nicht mehr ertragen, wenn der Islam und die Muslime kritisiert werden.

Es gibt keine wirkliche Selbst- und Islamkritik unter den Muslimen. Denn beide wären ihrem Wesen nach emanzipatorisch und herrschaftskritisch. Ihre Aufgabe bestünde darin, aktuelle, mit dem Islam in Verbindung gebrachte Diskussionen um die Themen Herrschaft, Unterdrückung und Verfolgung differenziert zu analysieren. Eine solche Kritik müsste sich aber auch mit den konservativen Muslimen, darunter den zum Teil erzkonservativen Islamverbänden, auseinandersetzen, deren Islamverständnis eher ein Hindernis für die Integration der hier lebenden Muslime darstellt. Durch das Wirken der muslimischen Dachverbände in der Öffentlichkeit etabliert sich bedauerlicherweise allmählich ein konservativer Islam in Deutschland, der die Moderne und ihre Grundsätze als Teufelswerkzeug verdammt[4] und diese am liebsten islamisieren möchte. Im Auftrag ausländischer Regierungen wollen die konservativen Dachverbände die Deutungshoheit über den Islam und die Muslime an sich reißen. Sie tragen außerdem die Verantwortung dafür, dass der Islam in seiner pluralistischen Form in Deutschland einer modernen Renaissance und einer kritikfähigen

Aufklärung hinterherhinkt, weil der Glaube ihrer Meinung zufolge eben keine Privatsache ist und jede Selbstreflexion unterbunden werden muss. Unterstützt von einer importierten Theologie mit veralteten Denkstrukturen beschlagnahmen sie die Freiheit des Individuums und lehnen die Fähigkeit zur kritischen Selbstüberprüfung ab. Wer in diesen Vorstößen einen konstruktiven Beitrag des humanistischen modernen Islam zur Selbstentdeckung bzw. Selbstdefinition der religiösen und sinnstiftenden Identität der Muslime sucht, wird schmerzlich enttäuscht werden. Die kritikfähige Auseinandersetzung mit der eigenen religiösen und historischen Identität bildet jedoch eine Voraussetzung für einen toleranten Umgang und ein Zusammenleben mit der nicht-muslimischen Mehrheit in einem interkulturellen Klima; denn das Ziel wäre ein lebendiges, alltagsorientiertes und dialogisches Lernen in der Begegnung der Muslime mit anderen.

Um zunächst einmal einen innerislamischen Dialog mit den Konservativen führen zu können, müssen die Wortführer der Verbände ihr intellektuelles Gefängnis verlassen. Es ist heute dringlicher denn je, die Positionen dieser vom Ausland gesteuerten politischen Organisationen im Lichte der deutschen Verfassung zu betrachten und die Mehrheitsgesellschaft aufzuklären. Darüber hinaus haben die Ereignisse der Ideengeschichte des Islam immer wieder gezeigt, dass der konservative Islam mit einer säkularen und pluralistischen Staatsordnung nicht vereinbar ist. Hilflose, überforderte Politiker und die Unwissenheit der Mehrheitsgesellschaft unterstützen die konservativen Muslime in ihrem Vorhaben, die angeblich ewigen und unanfechtbaren Wahrheiten und ihre eigenen scheinbar unaufhebbaren Überzeugungen zu etablieren.

Das Verfassen von kritisch-aufklärerischen Werken über den Islam, die Muslime und die islamische Ideengeschichte ist kein einfaches Unternehmen. Besonders selbstkritische Werke aus der Feder von Muslimen können heftige Wutausbrüche der muslimischen Gemeinde hervorrufen. Muslimische Kritiker sind in ihrem Alltag verbalen und schriftlichen Injurien ausgesetzt. Sie werden in den sozialen Medien verunglimpft und „takfirisiert“ (für ungläubig erklärt). Sie werden als Verräter an der Sache des Islam und den Interessen der Muslime gebrandmarkt. Gerne steckt man sie in die Schublade der Islamophoben und wirft ihnen vor, Antipathien gegenüber ihren eigenen Glaubensbrüdern zu haben. Was diesem Vorwurf entgegensteht, ist die sprachliche Vertrautheit der Islamaufklärer als Muttersprachler mit den kanonischen Quellen. Gerade deshalb kann diese Kritik historisch-kritisch fundiert und gut begründet sein. Gegner des liberalen Islam hingegen interessiert das wenig. Selten setzen diese sich intensiv mit Argumenten auseinander. Inzwischen scheuen einige Muslime nicht einmal mehr davor zurück, Drohbriefe per Post zu verschicken. Interessant erscheint, dass die Wortführer der muslimischen Dachverbände dies durchaus wissen, sich jedoch in Schweigen hüllen. Sie beherrschen einerseits meisterhaft die Opferrolle, andererseits setzen sie in der Öffentlichkeit auf „den Ton des Überlegenen, der zu fordern, nicht sehr zu geben hat. Und sie haben damit Erfolge“[5]. Die muslimischen Dachverbände inszenieren sich in der Opferrolle, denn sie wissen, dass diese die Einheit der muslimischen Religion in der Diaspora unterstützt und intensiviert. Gleichzeitig soll der selbst gewählte Opferstatus wohl nicht nur den Interessen der Gemeinschaft dienen, sondern auch das Mitleid der Mehrheitsgesellschaft auslösen. Die Mechanismen und Funktionen dieses Opferstatus müssen aufgedeckt werden. Nur so durchschaut man allmählich dieses Weltbild zwischen Sein und Schein: Sein, wenn es sich um die Durchsetzung der eigenen Interessen handelt, und Schein, wenn es darum geht, sich als Opfer darzustellen und keinen Beitrag für die Integration der hiesigen Muslime zu leisten.

Die muslimischen Islamreformer und Islamkritiker sind keine Feinde des Islam oder der Muslime, dennoch wird ihnen immer wieder Islamophobie vorgeworfen. Der Terminus „Islamophobie" ist ein an die Psychologie angelehnter Begriff, der einen seelischen Zustand irrationaler Angst vor dem Anderen, in diesem Fall dem Islam, beschreiben soll. Eine Phobie ist klinisch ganz eindeutig als Krankheit umrissen. Die Zweckentfremdung dieser pathologisch-diagnostischen Begrifflichkeit im Wort „Islamo*phobie*" sowie der inflationäre Gebrauch dieses Begriffs für muslimische Islamkritiker muss nicht nur als unangemessen und fachlich falsch gelten, sondern mehr noch als höchst bedenklich. Denn dieser Terminus führt zur Pathologisierung der Reformer und Aufklärer des Islam – sie werden als krankhaft gebrandmarkt.

Kritische muslimische Intellektuelle werden auch von der Mehrheit der Muslime als islamophob betrachtet. Inzwischen lässt sich sogar eine „Islamkritikphobie" der Muslime im westlichen Kontext beobachten. Die muslimischen Apologeten pflegen akribisch die Opferkultur und verbitten sich anschließend mit Pathos jegliche Beanstandung. Das scheint zurzeit gleichsam im Trend zu liegen. Jede Kritik am Islam bzw. an den Muslimen wird als bedrohlich empfunden. Hierbei konkretisiert sich eine Verwechslung zwischen der Islamkritik als einer historisch-kritischen Reflexion einerseits und einem moralischen Ressentiment durch die Islamkritikphobie andererseits. Die Abneigung gegen eine Selbst- bzw. eine Islamkritik führt zwangsläufig zu Ausweichmanövern und verstärkt intensiv die Verdrängungsmechanismen gegenüber den dunklen Seiten der eigenen Geschichte – wie etwa der Gewalt in der Geschichte des Islam und der Unterdrückung der Frauen. Man möchte mit unangenehmen historischen und kulturellen Themen, die als Tabu gelten, nicht konfrontiert werden. Man möchte lieber in der eigenen Scheinwelt in althergebrachter und mustergültiger Weise leben. Der Islam soll demnach als zeitlos, vollendet und als Maßstab innerhalb seiner festgelegten Tradition gelten.

Bei der Kritik am Islam und an den Muslimen geht es muslimischen Islamkritikern hingegen nicht um private Animositäten, sondern ihr Beweggrund ist es, einen Aufklärungsprozess innerhalb des Islam in die Tat umzusetzen. Man muss immer wieder mit Nachdruck betonen, dass Selbstkritik und sachliche Kritik an der eigenen Religion mit Rassismus nicht gleichzusetzen sind, denn der Islam ist keine Rasse, sondern eine Religion. Die Islamkritik ist im Gegenteil eine essenzielle Grundlage für die Etablierung eines humanistischen Islam, denn das Ziel dieser Hinterfragung ist nicht die Diskriminierung oder die Stigmatisierung des Islam und der Muslime. Meine substanzielle Kritik am Islam ist nichts anderes als eine Liebeserklärung an die Muslime. Deshalb dürfen die Werte unseres Grundgesetzes, die die Freiheit des Individuums und des Wortes betonen, nicht gefährdet werden. Mir geht es in erster Linie um die Verwirklichung eines diskursiven und reformierbaren Islam in einem westlichen Kontext. Die wissenschaftliche und objektive Redlichkeit ist und bleibt das höchste Gut in unserer Kultur, nämlich der deutschen Kultur.

Die Mehrheit der hier lebenden Muslime ist – was eine ungehinderte Ausdehnung des konservativ-politischen Islam angeht – zu stillschweigenden Bündnispartnern der politischen Dachverbände geworden, und diese hüllen sich in Schweigen, wenn muslimische Islamkritiker bedroht werden. Der Gedanke könnte aufkommen, dass die Funktionäre der Dachverbände im Geheimen solche Drohungen und Einschüchterungen billigen, denn sie vertreten bedenkenlos den konservativen Islam und haben kein Interesse an Reformen. Inzwischen leben einige muslimische Islamkritiker in Deutschland unter Polizeischutz und die Mehrheitsgesellschaft reagiert darauf lediglich mit eisigem und beklommenem Schweigen. Zu dem Zirkel dieser „Anwälte des Schweigens" gehören auch Politiker, die beim Thema Islam und dem Umgang mit Muslimen überfordert sind, sowie diejenigen Funktionäre der katholischen und der evangelischen Kirchen, die ständig auf einen einseitigen Dialog ausschließlich mit den konservativen Dachverbänden setzen. Ja, ihr Bemühen um den interreligiösen Dialog verdient Hochachtung. Merkwürdigerweise aber fehlt dabei der Mut, die Gefahren, denen reflektierende Freidenker und die Verfechter eines humanistischen Islams ausgesetzt sind, klar anzusprechen. Die „politische Korrektheit" dominiert und man hat Angst vor der Reaktion der Muslime, die diese zeigen könnten, würden sie kritisiert. Man fürchtet, als islamfeindlich diffamiert zu werden. Es scheint, dass inzwischen einigen Politikern die Stimmen der muslimischen Wähler wichtiger sind als die Freiheit des Denkens und die Meinungsvielfalt.

Muslime im Westen müssen sich aber auch mit den unangenehmen Aspekten in den kanonischen Quellen auseinandersetzen, um das Klima für eine angemessene Interpretation des Islam zu schaffen. Tabuthemen, wie etwa die Gewalt im

Namen des politischen Islam, die fehlende Religions- und Meinungsfreiheit oder die Knechtung der Frauen, können nicht länger ausgeklammert werden. Die Aspekte der männlichen Herrschaft[6], die das Kopftuch als Symbol des politischen Islam mittels ausgefeilter Straftechniken durchsetzen will, müssen ebenfalls thematisiert werden. Der Islam in all seiner Vielfalt befindet sich aktuell ohne Zweifel in einer Sinnkrise. Eines der Symptome dieser kollektiven Sinnkrise besteht genau in dieser ungeklärten Frage, welche Stellung und Rolle die muslimische Frau in den hiesigen Gemeinden einnehmen soll. Die Verschleierung der muslimischen Mädchen und Frauen und die mit ihr verbundenen Aspekte der Repressionen, der seelischen und körperlichen Sanktionen sowie der Erniedrigungen und Verleumdungen müssen ohne falsche Rücksichtnahme debattiert werden. Es geht letztendlich bei der Verschleierung nicht nur um die Beherrschung des Geistes und Körpers der Frauen, sondern auch um die Steuerung ihrer Sexualität. Bei nicht verschleierten Mädchen und Frauen sollen Schuld- und Schamgefühle ausgelöst werden, und jeder Verstoß und jedes Aufbegehren gegen das Kopftuchgebot werden geahndet und sanktioniert. Außerhalb der muslimischen Familie und Gemeinde sind muslimische Mädchen und Frauen im Konsens der Muslime permanent Versuchungen ausgesetzt, deshalb kommen sie aus diesem Dilemma nicht heraus. Und so will die männliche Herrschaftsriege die Verschleierung als Selbstgeißelung durchsetzen.

Es ist eine zentrale Aufgabe, in einer Kultur des Dialoges über sich selbst und seine eigene Geschichte nachzudenken. Die Vernunft gebietet es, die aus der Vergangenheit stammenden archaischen Diskurse der islamischen Wissenstradition kritisch zu rezipieren und nötigenfalls abzulehnen, besonders wenn sie dem Geist der jeweiligen Situation nicht mehr entsprechen. Die islamische Tradition, auf die sich die männliche Herrschaft bei der Unterdrückung der muslimischen Frauen durch die Verschleierung beruft, muss historisch-kritisch diskutiert werden. Dabei geht es in erster Linie darum, diejenigen Machtstrukturen auf der Basis der kritischen Vernunft zu reflektieren und zu verstehen, die bei der Beherrschung von Geist und Körper der Frauen wirksam sind.

Das vorliegende Buch verfolgt keinerlei abwertende oder polemische Absichten. Sein vordringliches Ziel ist es, die Reform des Islam gemäß der Interpretation des Koran voranzubringen und die Tradition des Propheten (*sunna*) gemäß der jetzigen Situation zu interpretieren. Mir geht es dabei vor allem um drei wichtige Anliegen: erstens das Aufdecken der Machtmechanismen der männlichen Herrschaft in Bezug auf die Verpflichtung muslimischer Frauen zur Körperbedeckung. Das Kopftuch wird dabei als symbolische Gewalt gegen die Frauen entlarvt, denn es dient als Werkzeug zu ihrer Verleugnung und Unterwerfung. Das Hauptaugenmerk richtet sich darauf, den etablierten Diskurs der patriarchalischen Männerwelt zu analysieren und dabei das, was im Laufe der Jahrhunderte zugedeckt wurde, wieder freizulegen. Darauf aufbauend soll gezeigt werden, wie eng die konservativen Männer und die bereits verschleierten Frauen zusammenarbeiten, wenn es darum geht, das Kopftuch als islamische Vorschrift festzuschreiben. Die Strafsanktionen zur Durchsetzung der Verschleierung werden ebenfalls genau unter die Lupe genommen. Zweitens wird das Kopftuch als angeblich religiöse Vorschrift genau untersucht und es wird gezeigt, dass die Verschleierung ein historisches Konstrukt der männlichen Herrschaft ist.

Drittens wird ein konstruktives ethisches Programm für die Selbstbestimmung, Selbstentfaltung und Selbstverwirklichung der muslimischen Frauen abseits jeglichen Außeneinflusses durch die patriarchalische Herrschaftsordnung entworfen. Selbstverständlich wird ihnen dabei nicht vorgeschrieben, wie sie zu leben haben, sondern sie werden ermutigt, ihren eigenen Lebensweg einzuschlagen, sich selbst anhand der kritischen Vernunft zu entdecken, sich neu im westlichen Kontext zu definieren und sich in der selbst gewählten Freiheit zu entfalten.

Viele Sachverhalte werden am Beispiel von Gesprächen erläutert, die ich in den letzten Jahren mit Musliminnen aus dem Inland und verschiedenen arabischen Ländern führen konnte. Einige tragen bis heute den Schleier, andere haben ihn abgelegt. Die Gründe hierfür und ihre Erfahrungen stellt das Buch vor. Mein großer und aufrichtiger Dank gebührt all den muslimischen Mädchen und Frauen, die meine Fragen über das Kopftuch beantwortet haben. Ihre Vornamen wurden auf ihren Wunsch hin geändert.

2. Die öffentliche Sichtbarkeit der Unsichtbarkeit

Es gibt wohl kaum ein Thema in der Ideengeschichte des Islam, über das so kontrovers und heftig diskutiert worden ist wie über die muslimische Frau und ihre Stellung in der islamischen Kultur. Schon am Ende des neunzehnten Jahrhunderts waren die Rechte der muslimischen Frauen und das Kopftuch ein Thema in der islamischen Öffentlichkeit. Im Jahr 1885 erschien beispielsweise ein Buch des algerischen Gelehrten Muḥammad Ibn Muṣṭafā Ibn al-Ḫūǧa (1864–1915) mit dem Titel *Beachtung der Sorge um die Rechte der Frauen*. Darin ging es um die Befreiung der muslimischen Frauen. Fünf Jahre später verfasste der ägyptische Reformer Qāsim Amīn (1865–1908), der in Frankreich das Jurastudium absolviert hatte, sein monumentales Werk *Die Befreiung der Frau*.[7] Seine wichtigste These war bereits damals, dass der in seiner Zeit verbreitete Schleier überhaupt nichts mit dem Islam zu tun habe. Die Verschleierung sei keine religiöse Vorschrift. Heute meinen die einen, der Islam habe durch seine kanonischen Quellen – den Korantext und die Tradition des Propheten (Sunna) – die Frau befreit bzw. sie zumindest verehrt. Für die anderen hat der Islam die bestehenden Strukturen der vorislamischen Zeit im Rahmen des „patriarchalischen Geistes" fortgeführt. Das Kopftuch ist dabei ohne Zweifel das am meisten diskutierte äußere Merkmal, das zugleich als Ausdruck der religiösen Einstellung von Musliminnen gewertet wird. Zu verschiedenen Anlässen wird uns im Westen immer wieder aufs Neue eine

Kopftuchdiskussion beschert, sei es, dass es um die Verschleierung der Frauen im Kindergarten oder in der Schule, am Arbeitsplatz oder im öffentlichen Raum geht. Kontroverse gesamtgesellschaftliche Debatten entzünden sich daran. Das Thema „Kopftuch" hat durch seine fortdauernde Präsenz im öffentlichen westlichen Diskurs nichts von seiner drängenden Aktualität verloren. Der Bedarf an Aufklärung ist immens.

Für die überwiegende Mehrheit der Muslime ist das Tragen des Kopftuchs eine essenzielle religiöse Pflicht. Sein pauschales Verbot wird als Diskriminierung der Frau, ja sogar als rassistisch gewertet. Der zunehmende gesellschaftliche Wandel, hervorgerufen durch die religiöse Pluralität, könnte eigentlich eine Basis für die Akzeptanz des Kopftuches in der Öffentlichkeit sein. Für viele Menschen in der Mehrheitsgesellschaft und für viele aufgeklärte Muslime ist die Verschleierung jedoch ein Zeichen der Unterwerfung der Frauen, das zur Aufrechterhaltung der patriarchalischen Strukturen in den muslimischen Gemeinden dient. Für die Mehrheit der Muslime hingegen ist das Kopftuch eine religiöse Vorschrift und ein Merkmal der kulturellen Zugehörigkeit. Die zweite Behauptung muss zuerst geprüft werden.

Die Geschichte des politischen Islam war immer eine Geschichte der Knechtschaft der Muslime, sei es der Frauen oder der Männer. Mit der islamischen Revolution des Jahres 1979 im Iran wurde der Westen auf die Wiederbelebung des politisch-konservativen Islam aufmerksam. Dieses öffentliche Interesse verstärkte sich durch den im Rahmen eines Rechtsgutachtens (*fatwā*) verhängten Mordaufruf im Jahre 1989 gegen den Schriftsteller Salman Rushdie im Zusammenhang mit seinem Buch *Die satanischen Verse*. Als

Reaktion auf die islamische Revolution im Iran begannen die Machthaber des Königreichs Saudi-Arabien den sunnitischen Islam in seiner ultraorthodoxen Auffassung nicht nur in den muslimischen Ländern zu verbreiten, sondern auch unter den im Westen lebenden Muslimen zu propagieren. Ihr Ziel war es, die Muslime ausgehend vom puritanischen Verständnis des Islam im siebten Jahrhundert zu reislamisieren. Insbesondere seit den 1990er-Jahren hat das Phänomen des Erteilens von Rechtsgutachten (*fatāwā*)[8] einen regelrechten Boom in allen islamischen Ländern und im Westen erlebt. Zu diesem Zeitpunkt hatten nämlich einige muslimische Gelehrte und Imame die Moscheen verlassen und die Kanäle des Satellitenfernsehens und das Internet für sich entdeckt. Ihre Propagandabühne für den salafistischen Islam wurde auch der Westen, denn sie predigten immer wieder in hiesigen Moscheen.

Jeder Gelehrte konnte ein Cyber- oder Fernsehmufti werden, selbst wenn er keine formell-religiöse Erlaubnis (*iǧāza*) besaß. Dies trug zur rasch zunehmenden Popularität solcher Gelehrter in der gesamten islamischen und westlichen Welt bei. In den Räumen der Moscheen war das Rechtsgutachten überwiegend etwas Persönliches zwischen dem Fragenden und dem Befragten gewesen, denn die Gelehrten wurden oft nur in einem privaten Gespräch unter vier Augen zu Rate gezogen. Ohne die Erwähnung des Namens des Betroffenen wurden diese Rechtsprechungen dann manchmal auf der Kanzel während des Freitagsgebets aufgegriffen, falls andere Gemeindemitglieder ebenfalls von diesem Problem betroffen waren. Eines der wiederkehrenden Themen war dabei die Rolle und die Kleidung der Frauen im Islam, insbesondere derjenigen, die im Westen als Minderheit lebten und der kulturellen Entfremdung ausgesetzt waren.

Die rasche Verbreitung unzähliger Gutachten islamischer Rechtsgelehrter in den Medien kennzeichnet immer noch den Alltag der Muslime. Es gibt viele muslimische Gelehrte, die in ausländischen Fernsehsendern interviewt werden oder eigene Webseiten betreiben – darunter auch zahlreiche, die nicht von den zuständigen Behörden als Rechtsgutachter ernannt wurden. Sie alle werden weltweit von muslimischen Ratsuchenden aus arabischen und westlichen Ländern um mündliche Rechtsgutachten in religiösen Angelegenheiten gebeten. Solche Gelehrte, vor allem die sogenannten „Medienmuftis", veröffentlichen ihre religiösen Antworten schriftlich im Internet und stellen sie jedem im Netz zur Verfügung.[9] Zwei Beispiele können in diesem Zusammenhang angeführt werden: erstens die im Jahre 1991 mit Hauptsitz in London gegründete MBC, die älteste saudische TV-Satellitenstation, und zweitens der im Jahre 2003 ins Leben gerufene Nachrichtenkanal Al Arabiya.[10] In diesen Sendern werden live religiöse Fragen an muslimische Gelehrte gestellt und von diesen mündlich beantwortet. Das religiöse Establishment der islamischen Welt konnte in seinen früheren Bedenken gegenüber diesen Medien dadurch besänftigt werden, dass diese Sender auch Sendungen mit religiösen Inhalten ausstrahlen. Den konservativen Gelehrten des Senders geht es in erster Linie darum, ihre religiöse Deutungshoheit in der Welt zu wahren und ihr konservatives Islamverständnis zu verbreiten. Besonders der Platz der muslimischen Frau im Westen und ihre aktive Rolle bei der Bewahrung der religiösen Identität werden immer wieder live erörtert.

Vor dem Jahre 2001 trugen im Westen nur wenige ältere Frauen das Kopftuch – für sie stellte dies einen Akt der Gewohnheit dar. Die Rückkehr zur Körperbedeckung als Anhaltspunkt für die religiöse Identität geschieht in einer Welt, die nicht nur durch Identität und Orientierung – sondern gleichzeitig durch Konflikte und Intoleranz gekennzeichnet ist. Denn auch die zweite und dritte Generation der Muslime in diesem Land, deren kulturelle Identität durch die Maßstäbe der westlichen Kultur geprägt wurde, werden nicht immer als Teil der sogenannten Aufnahmegesellschaft angesehen, sondern als nicht integrierte Randgruppe. Sie bleiben „Ausländer". Auch die immer wieder gestellte Frage, ob der Islam oder die Muslime zum Westen gehören, kann als Beleg für diese Haltung gesehen werden. Als Reaktion auf diese Ausgrenzung und die alltägliche Diskriminierung rückt durch die Verschleierung die Religion stärker ins Bewusstsein der Muslime. Das Kopftuch wird zum Ausdruck des Protestes und trägt diesen nach außen. Es wird so zum Symbol der kulturellen Identität und gleichzeitig zum Merkmal der sozial-religiösen Zugehörigkeit zur eigenen Gruppe. Die Angst vor dem Identitätsverlust ist immens und deshalb wird in der Körperbedeckung unter anderem ein Ausweg in Form einer Re-Traditionalisierung und einer Re-Ethnisierung gesehen. Und die „Importimame" in den türkischen Moscheen und die selbsternannten Imame in den arabischen tun mit ihren Predigten und dem Koranunterricht am Wochenende ihr Übriges, um den Opferstatus und die Rückkehr zur kulturellen Identität der Elterngenerationen zu befördern.

In der westlichen Öffentlichkeit herrscht sowohl unter den Muslimen als auch unter den Nicht-Muslimen die vereinfachende Sichtweise vor, dass das Kopftuch eine islamische Vorschrift sei und dass diese angeblich auf den kanonischen Quellen basiere. Dass die Körperbedeckung eher ein historisch-soziales Phänomen ist, das die männliche Herrschaft grundlegend unterstützt, scheint die Muslime und die öffentliche Wahrnehmung wenig zu interessieren. Über die daraus resultierenden Missdeutungen werden Frauen mit Kopftuch schließlich als hilflose Opfer dargestellt, die vor den Blicken fremder Männer zu beschützen sind. Diese fortgeschriebene „Folklore des Halbwissens“[11] zieht noch nicht einmal in Betracht, dass die Kopfbedeckung ein männliches Herrschaftssymbol ist, und eben nicht mit dem Einverständnis der Frauen durchgesetzt wird. Viele dieser muslimischen Frauen – und besonders diejenigen, die sich bereits den herkömmlichen Rollenvorstellungen unterworfen haben – werden später zu Mittäterinnen, die ihre eigenen Töchter zur Verschleierung bewegen. Sie unterstützen damit die Macht der männlichen Herrschaft. Denn die Verschleierung ist ein Mittel der andauernden physischen und psychischen Disziplinierung im westlichen Umfeld, wo die Gefahren der kulturellen Entfremdung angeblich überall außerhalb der Familie lauern. Die männliche Herrschaft hält ein ganzes Arsenal an Strafmaßnahmen bereit, um die muslimischen Mädchen und Frauen zu unterwerfen – insbesondere diejenigen, die den Mut aufbringen, das Kopftuch abzulehnen.

Auch in Deutschland ist es dem politischen Islam gelungen, die Körperbedeckung der Frauen in der Öffentlichkeit zu thematisieren. Die umstrittene Entscheidung des Bundesverfassungsgerichts vom 13. Februar 2015 sei hier angeführt, die deutlich darauf hingewiesen hat, dass ein Kopftuchverbot für muslimische Lehrkräfte in öffentlichen Schulen mit dem Grundgesetz nicht vereinbar ist. Dies war möglicherweise ein gut gemeintes Urteil, das nicht nur nicht die Religionsfreiheit betonte, sondern auch arbeitenden verschleierten Frauen wirtschaftliche Unabhängigkeit ermöglichte. Gleichzeitig kann man in diesem Urteil jedoch auch eine Ironie des Schicksals sehen. Denn es handelt sich dabei um einen Sieg des konservativen Islam in einem pluralistischen und demokratischen Land. Dieser politischen Richtung wurde dadurch die Möglichkeit eröffnet, sich über die Symbolik der weiblichen Verhüllungspraktiken schrittweise in einem bestimmten Kontext zu etablieren.

Die Verschleierung ist eine Erscheinungsform des politisch-konservativen Islam. Die kopftuchtragenden Frauen werden sichtbar, obwohl ihre Körper durch die Verschleierung unsichtbar sind. Ihre Kopf- bzw. Körperbedeckung fällt sofort auf, und somit sollen die verschleierten Frauen sich nicht nur von den anderen Frauen unterscheiden, sondern absichtlich nicht in der Mehrheitsgesellschaft aufgehen. Sie sollen von ihren Mitmenschen im öffentlichen Raum durchaus wahrgenommen werden, und zwar als Frauen mit einem anderen Aussehen. Die Verschleierung bedingt also ihre Sichtbarkeit und gleichzeitig ist das Kopftuch ein klarer Hinweis auf ihre Unsichtbarkeit, es ist das Werkzeug der männlichen Herrschaft, um „den weiblichen Körper unsichtbar zu machen und ihn einzusperren."[12] Diese Art der Zurschaustellung in der Öffentlichkeit entfacht immer wieder hitzige Debatten und sorgt so dafür, dass auch das Thema dauerhaft sichtbar bleibt. Es vergeht kaum einen Tag, an dem nicht über das Kopftuch, über Essensvorschriften, den Bau von Moscheen, über Straßengebete oder die Teilnahme muslimischer Mädchen am Schwimm- und Sportunterricht debattiert wird. Die islamische Religion als ein individuelles Verhältnis zwischen Gott und dem Einzelnen verliert sich immer mehr in der westlichen Welt. Dem politisch-konservativen Islam ist es tatsächlich gelungen, durch die in der Öffentlichkeit diskutierten Themen die Debatten zu bestimmen. Und die Presse macht gerne mit. Die Vertreter des politischen Islam wissen genau, welche

Themen sie platzieren müssen und wie weit sie dabei gehen dürfen.

Das Tragen des Kopftuchs als kollektives Symbol für die kulturelle Identität stellt gewiss keine freiwillige Handlung der Akteurinnen dieser sozialen Gruppe dar, denn die gesellschaftliche Unterwerfung ist ihnen durch die männliche Instanz vorgeschrieben. Eine gewisse Wahlfreiheit wird durch den sozialen Druck bzw. durch das Gefühl der Identitätszugehörigkeit aufgehoben. Die Macht des sozialen Drucks ist einfach unbeschreiblich. Die Devise lautet: Wer zur muslimischen Gemeinde gehört oder gehören möchte, muss wie sie denken und leben.

Das Tragen des Schleiers ist keine Entscheidung von heute auf morgen, sie wird von Kindheit an über die sozialisatorische Praxis der bestimmenden Männer vermittelt. Dies vollzieht sich im Rahmen einer „stillen Pädagogik"[13], also einer Sozialisation im Verborgenen, die sich in scheinbar gut gemeinten Imperativen und Ermahnungen bezüglich Einstellung und Benehmen manifestiert. Denn das Ziel ist die Verinnerlichung der Regeln und die Verankerung des Schleiers als einer Gewohnheit, durch die der soziale und religiöse Status der Frau als Angehörige einer muslimischen Gemeinde genau bestimmt wird.

3. Die Kunst der Macht: Herrscher und Beherrschte

> „Ich will keine Tabletten nehmen, um zu schlafen. Ich muss mich der Angst stellen. Wenn ich sterben muss, dann doch lieber im Einklang mit mir selbst, das heißt ohne Schleier!“
>
> *Fatiha, eine Algerierin im Oktober 1995*

In den 90er-Jahren des letzten Jahrhunderts erlebte Algerien einen blutigen Bürgerkrieg zwischen den Islamisten und dem damaligen Militärstaat. Bis heute bezeichnen die Algerierinnen und Algerier diese Zeit als „schwarzes Jahrzehnt“, denn bis zum Ende der 90er-Jahre kostete der Bürgerkrieg 200.000 Menschen das Leben. Allein im Jahre 1994 wurden laut offizieller Statistik 512 Frauen Opfer von islamistischer Gewalt und kaltblütig hingerichtet. Sie wurden geköpft, erschossen oder ihnen wurde die Kehle durchgeschnitten. Viele von ihnen trugen sogar einen Schleier. Aber diese Frauen lehnten die Unterwerfung gegenüber den Islamisten ab.[14] Insbesondere die Islamisten schreckten vor Massenmorden an Landsleuten nicht zurück. „Auf ihre Todeslisten setzten sie die Namen von Intellektuellen, Lehrern, Journalisten, Gewerkschaftern – und vor allem von Frauen. Hunderte wurden getötet, Kopftuch und Vollverschleierung wirkten nicht mehr als verlässlicher Schutz.“[15]

Es war in der letzten Februarwoche des Jahres 1994, als die „Bewaffnete Islamische Gruppe“ (GIA), eine islamistische Terrororganisation, Flugblätter in den Großstädten

Algeriens verteilte. Alle Mädchen und Frauen müssten sich verschleiern, war darin zu lesen. Und wer das nicht tue, müsse mit schlimmen Strafen rechnen. Obwohl in diesem Jahr der islamistische Terror schon zum Alltag geworden war, versetzte die Ankündigung Mädchen, Frauen und ihre Familien in Angst und Schrecken und viele der Frauen und Mädchen verschleierten sich.[16] Sie fürchteten um ihr Leben. Bis heute gedenken viele Algerierinnen des 28.02.1998 als dem „Tag ohne Kopftuch". An jenem Tag ermordeten die Islamisten die 17-jährige Gymnasiastin Katia Bengana in Meftah, einem Vorort von Algier.[17] Trotz aller Ermahnungen und Drohungen hatte sie sich entschieden geweigert, das Kopftuch zu tragen. Für die Islamisten war sie eine schamlose Frau (*mutabarriğa*) und galt somit als Gefahr für die Gemeinschaft der Muslime. Ihr eigener Nachbar, ein junger Islamist, erschoss sie mit einem abgesägten Gewehr. Dieser Mord löste große Bestürzung im gesamten Land aus und tatsächlich begannen daraufhin alle Schulmädchen und Frauen, sich aus Furcht vor den Islamisten zu verschleiern. Der Tod der heranwachsenden Frau war eine deutliche Botschaft, gerichtet an alle Mädchen und Frauen, die sich der männlichen Macht der Islamisten und ihrer politischen Ideologie widersetzten. Wer sich an die Vorschriften der Islamisten nicht hielt, den erwartete der Tod. Nach diesem blutigen Ereignis verließen viele Mädchen für immer die Schulen in den Vororten der algerischen Städte und blieben aus Furcht um ihr Leben zu Hause. Einige Tage vor ihrer Hinrichtung äußerte Katia Bengana gegenüber ihrer Schwester: „Ich und ein Kopftuch tragen? Niemals! Lieber sterbe ich." Sie wollte ein Leben in Freiheit führen, deshalb widersetzte sie sich dem Diktat des religiösen Islamismus. Inzwischen ist sie weltweit zum Symbol der Freiheit und Selbstbestimmung der Frauen geworden. In der Gemeinde von Villefontaine in Grenoble wurde eine Straße nach ihr benannt. Der algerische Bürgerkrieg zeigt deutlich, dass die Islamisten und der politische Islam eine große Gefahr für die zivilisierte Welt und die freien Menschen darstellen.

Die bisherigen Auseinandersetzungen mit der Kopftuch-Thematik beschäftigten sich immer wieder mit der Frage, ob das Kopftuch eine islamische Vorschrift oder ein Symbol der Unterdrückung durch den politischen Islam darstellt. Daher ist es kein Wunder, dass viele Menschen im Westen der Diskussionen um die Verschleierung längst überdrüssig geworden sind. Man kann sogar sagen, dass die Kopftuchdebatte zur Projektionsfolie für die unlösbaren Probleme der Muslime im Westen geworden ist. Bis dato gibt es allerdings keine fundierte Analyse des Vorgehens der männlichen Herrschaft bei der Durchsetzung der Verschleierung und ihrer Reaktionsweisen auf die Ablehnung des Kopftuchs durch Musliminnen. Auch die Sanktionen der muslimischen Gemeinden im Westen fanden bislang kein wissenschaftliches Interesse. Interessant wäre dabei nicht nur die Untersuchung der Machtstrukturen, die bei der Unterwerfung der Frauen zum Tragen kommen, sondern auch die Fragestellung, in welcher Form die Macht ausgeübt wird, die das Verhältnis zwischen Beherrschten und Herrschenden regelt. Eine sachliche und differenzierte Analyse der Macht der patriarchalen Gesellschaftsordnung aus der Innenperspektive würde mehr Klarheit in den Sachverhalt bringen und verdeutlichen, dass das Kopftuch ein Produkt der männlichen Herrschaft ist.

Vorab muss verdeutlicht werden, dass diese männliche Herrschaft Körper und Geist der Frauen unbedingt beherrschen will. Sie ist gnadenlos, gefühllos, machtbesessen und nicht bereit zu Kompromissen. Eine Ablehnung der Verschleierung bedeutet dieser Sichtweise zufolge, dass die Herrschenden gleichzeitig ihre Deutungshoheit über die kulturelle Identität auf der Basis des Islam verlieren. Die männliche Obrigkeit ist eine politisch-soziale Herrschaft, sie sieht das „individuelle Ich“ als Gegenläufer zur Gemeinde der Muslime und will es zugunsten eines „kollektiven Wir“ eliminieren. Das Kopftuch ist in dieser patriarchalen Gesellschaftsordnung ein effizientes Machtinstrument, durch das sich viele Probleme bei der Unterwerfung der Frauen von alleine lösen. Für die Muslime im Westen und insbesondere für die Frauen hat ein kollektives Selbstverständnis Gültigkeit. Genauer gesagt: Wer zur Gemeinde der Muslime gehören will, muss das „Ich“ zugunsten des „Wir“ aufgeben. Und jeder Versuch, anders zu sein, wird durch alle Strafmittel, die den Vertretern der männlichen Herrschaft zur Verfügung stehen, unterbunden.

Die Macht der männlichen Herrschaft

Beschäftigt man sich mit der männlichen Herrschaft im Islam, gilt es zunächst zu klären, was diese männliche Dominanz im Einzelnen ausmacht. Wie funktioniert sie im Alltag der Muslime? Wie wird sie konkret bei der Durchsetzung der Unterwerfung ausgeübt? Die Hintergründe und die Entwicklung der Strafen sowie ihre Wirkung bei der Durchsetzung der Verschleierung müssen untersucht werden. Jede Art von Macht besitzt ein eigenes Wesen und hat einen Ursprung, der mit demjenigen, der die Macht ausübt, in Verbindung steht. Die „Macht ist nicht so sehr etwas, was jemand besitzt, sondern vielmehr etwas, was sich entfaltet“[18]. Und wie setzt sie ihre Interessen bei der Beherrschung der anderen durch?

Was die islamische Kultur angeht, so könnte man sagen, dass die männliche Macht stets darum bemüht war, den Körper und den Geist der Frauen zu kontrollieren, um sie dadurch zu beherrschen. Nichts im Alltag der Frauen darf dieser Anschauung zufolge dem Zufall überlassen bleiben. Es geht um die Etablierung und die Verwirklichung eines geschlechtlich hierarchisierten Weltbildes, in dem die Mädchen und Frauen willkürliche Vorschriften und Verbote mit größter Selbstverständlichkeit annehmen. Durch die Verschleierung will diese Herrschaftsordnung die Körper der Frauen nicht unsichtbar machen, sondern sie beherrschen. Die Art und Weise, wie die Frauen ihren Körper in der Öffentlichkeit zeigen, gehört nach dem Verständnis dieser Ordnung zu ihrer Herrschaftskompetenz. Die männliche Herrschaft in der islamischen Kultur erweist sich als überlebensfähig, weil sie wirksame Anpassungsfähigkeiten besitzt. Auf veränderte Umstände – etwa innerhalb der muslimischen Gemeinden im Westen – hat sie gut reagiert und dabei die Obrigkeitsstrukturen ihrer Macht ausgebildet. Die Sozialisation der Muslime außerhalb der Familie und der Gemeinde scheint gegenüber der männlichen Herrschaft inzwischen bedeutungslos zu sein. Der Einfluss der westlichen Kultur auf die hier lebenden Muslime zeigt keine Wirkung, denn sie kommt gegen die Machtstrukturen der männlichen Herrschaft nicht an. Das Erziehungssystem in den muslimischen Gemeinden scheint nicht nur mit dem westlichen Bildungssystem zu konkurrieren, sondern es zu verdrängen. Abzulesen ist dies an der gescheiterten Integration vieler Muslime, die die westliche Kultur und ihre Werte ablehnen und in einer Parallelgesellschaft leben.

Die männliche Herrschaft regelt die Beziehungen zwischen den Menschen, wobei eine bestimmte Gruppe Macht über die anderen ausübt. Es handelt sich dabei um eine autoritative Lebensform – die Obrigkeit wirkt durch ihre Handlungen auf die ihr Untergebenen ein. Hierbei werden Individuen in ihrer Lebenswelt derart beeinflusst, dass sie auf ihre Selbstbestimmung und ihre Freiheit verzichten. Den Beherrschten wird die Rolle zugewiesen, sich unterzuordnen und widerstandslos zu gehorchen. Ihr sozialer Status wird dadurch festgeschrieben auf den der Unterworfenen. Durch die restriktive Sozialisation in Familie und Gemeinde werden unter anderem die muslimischen Mädchen in ihrem Selbstwerden beeinflusst. Selbstverwirklichung und Selbstentfaltung müssen mit allen Mitteln gebremst werden. Die weiblichen Heranwachsenden sollen genau so handeln, wie die männliche Herrschaft es von ihnen erwartet. Ihnen wird vorgeschrieben, wie sie leben, wie sie denken und was sie anziehen sollen. Diese peniblen Regularien sollen für sie zur Gewohnheit werden, mit der sie sich abfinden und die sie mit der Zeit annehmen müssen. Ziel der Strafmaßnahmen ist es, eventuellen Widerstand gegen diese Art der Unterwerfung zu verhindern.

Die männlichen Herrschenden unterteilen sich ihrerseits ebenfalls in zwei Gruppen: Sie sind Führer und Geführte, Regierende und Regierte bzw. Lenker und Gelenkte. Die Vertreter der ersten Gruppe sind in der Minderheit und die der zweiten in der Mehrheit. Die Überlebensstrategie Letzterer besteht in der Entwicklung einer Sklavenmoral, die nicht selten durch religiöse Gebote und Verbote untermauert wird. Diese Art von Unterwerfungsprogramm sieht vor, dass die Unterworfenen als Knechte nach den Gesetzen und Vorschriften der männlichen Obrigkeit leben. Sowohl die Frauen als auch die Männer müssen die vorgegebenen Machtstrukturen verinnerlichen: Männer haben zu befehlen und Frauen zu gehorchen. Die Rollen sind klar verteilt – den „ewig Weiblichen“[19], die zu beherrschen sind, stehen die „ewig Männlichen“ gegenüber, die die Frauen zu beherrschen haben. Und tatsächlich bildete sich im Laufe der Jahrhunderte aus einer solchen Unterscheidung die kollektive Identität der Muslime heraus. Nichts hat sich geändert, die Bedingungen in verschiedenen Epochen haben die Herrschaftsstrukturen sogar noch verfestigt. Die religiöse Legitimation durch den Koran und die Tradition des Propheten ist dieselbe geblieben. Auch die männliche Herrschaft bleibt weiterhin bestehen, indem sie sich als unveränderlich und zeitlos manifestiert und ihre Machtstrukturen dauerhaft aufrechterhalten bleiben.

Wie alle anderen monotheistischen Religionen hat auch der Islam einen Sittenkodex hervorgebracht. Und die Vertreter der männlichen Herrschaft versuchen, anhand der kanonischen Quellen des Islam ihr Unterwerfungsprogramm zu rechtfertigen. An dieser Stelle ist allerdings zu betonen, dass es im Westen keinen Islam in der Singularform mit einheitlichen kirchlichen Strukturen gibt, sondern einen Islam „im Plural“ mit verschiedenen Glaubensgemeinschaften. Allein unter den Sunniten gibt es vier Rechtsschulen,[20] und somit sind bis heute ein einheitliches Denken oder eine Organisation in kirchenähnlichen Strukturen dem Islam fremd. Das bedeutet, dass der Islam als solcher wie auch bestimmte Glaubensrichtungen innerhalb des Islam keine Religionsgemeinschaften im staatskirchenrechtlichen Sinne darstellen. Wir haben es vielmehr mit beständig wechselnden Gruppierungen von Gläubigen zu tun. Interessanterweise gehört die Mehrheit der hier lebenden Muslime keiner muslimischen Vereinigung bzw. keinem der Dachverbände an. Die muslimisch-sunnitischen Dachverbände vertreten maximal 15 Prozent der Muslime in Deutschland[21] und somit sind sie für die nichtorganisierten Muslime nicht repräsentativ. Dennoch ist es den hiesigen Dachverbänden gelungen, ihre Gemeinden zu organisieren, und sie versuchen, auf die schweigende Mehrheit der Muslime Einfluss auszuüben.

Die Wortführer der Dachverbände, ihre „Importimame“ in den türkischen Moscheen und die selbsternannten Imame in den arabischen Moscheen sind beispielhaft für die männliche Herrschaft nicht nur in Deutschland, sondern im gesamten Westen. Sie sind überzeugt, dem Islam des siebten Jahrhunderts zu dienen, da sie wortgetreu nach dessen Vorschriften leben. Der religiösen und politischen Macht leisten sie dadurch Vorschub, über andere zu herrschen. Dabei glauben sie, letztendlich die besseren Muslime zu sein und betrachten sich selbst als Vorbild. Sie beanspruchen Deutungshoheit und stellen ihren Anhänger das Seelenheil im Jenseits in Aussicht, wenn diese nur nach dem von ihnen vorgegebenen Weltbild leben. Hierbei handelt sich um eine Herrschaftsform, die sich nicht nur um die Gemeinschaft der Muslime als Einheit kümmert, sondern um jeden Einzelnen. Diese männliche Obrigkeit weiß genau, dass die Eltern im Westen Angst vor der Entfremdung ihrer Kinder und vor dem Verlust ihrer kulturellen Identität haben. Sie nutzt das geschickt aus. Die männliche Führung vermittelt den Eindruck, mit diesen Befürchtungen umgehen zu können. Immer scheint sie die Wahrheit zu kennen und auch eine Lösung bezüglich der Identitätsängste bieten zu können. Folglich sind die Anhänger der Gemeinden bereit, sich von den Mächtigen steuern und lenken zu lassen.

Nimmt man die Macht der Männer in den muslimischen Gemeinden genauer unter die Lupe, stellt man fest, dass aus der Sorge um das Heil ihrer Mitglieder im Jenseits die

Sorge um ihr Heil im Diesseits geworden ist. Somit erhält das Wort „Heil" eine irdische Bedeutung und erlaubt dadurch der männlichen Herrschaft, den Alltag der Mitglieder nicht nur zu organisieren, sondern auch zu kontrollieren. Sie übt ihre Macht aus, um die Individualisierung der Einzelnen zu verhindern. Wer meint, dass diese männliche Herrschaft definiert, was die Muslime sind und was sie miteinander verbindet, täuscht sich. Es geht ihr überwiegend darum, wie sich die Muslime im Westen verhalten sollen. Genauer gesagt erteilen sie Vorgaben, wie das Leben im Bereich des Denkens und Handelns zu gestalten ist.

Zur Vorgehensweise der Führenden gehört, dass sie Erlaubtes und Verbotenes (*ḥalāl* und *ḥarām*) definieren und dadurch eine bestimmte Denkstruktur etablieren. Hierbei handelt es sich um eine schwarz-weiße Pädagogik. Ihr Grundsatz besteht in der Unterscheidung zwischen „Du darfst" oder „Du darfst nicht". Daraus ergibt sich ein Sittengesetz, das immer wieder mit der Religion in Verbindung gebracht wird. Die leitenden Instanzen haben die Aufgabe, die Grenzen zwischen Erlaubtem und Verbotenem klar festzulegen. Auf dieser Basis übt die männliche Herrschaft ihre Macht aus und versucht, ihren Einfluss auf die Gemeindemitglieder zu intensivieren. Den Kanzeln in den Moscheen kommt dabei eine zentrale Rolle zu.

Im Islam wird zu wenig hinterfragt, alles wird unreflektiert hingenommen. Besonders die in den muslimischen Gemeinden im Westen vermittelte Religion ist realitätsfremd und nicht zukunftsfähig. Sie unterliegt der Pädagogik der Unterwerfung und isoliert ihre Anhänger von ihrem westlichen Umfeld. Hierzulande wird in den Moscheen eine Religiosität vermittelt, die zwischen Erlaubtem und Verwerflichem genau unterscheidet. Die „Importimame" und die

Wortführer der konservativen Politikorganisationen halten hierzu einen synoptischen Katalog von Gutem und Bösem bereit, in den die Ansichten der verschiedenen muslimischen Rechtsschulen und Glaubensgemeinschaften einfließen. Solch ein religiöser Diskurs, der der Machtstrategie der männlichen Obrigkeit unterliegt, definiert sich durch die Abwertung der Anhänger anderer Religionen sowie aller Andersdenkenden und nicht durch eine differenzierte Auseinandersetzung mit den eigenen Werten. Aus Angst vor dem Verlust der kulturellen Identität werden die Menschen daran gehindert, zu einer freien, individuellen Selbstbestimmung zu gelangen und sich als europäische Muslime auf der Grundlage eines situativen Selbstverständnisses zu entfalten. In den Predigten und im sogenannten Koranunterricht in den Moscheen bekommen die Anwesenden eine Sammlung fertiger Antworten zu hören, die die fortgesetzte Suche nach dem Ich in der Auseinandersetzung mit dem Anderen unterbinden wollen.

Der männlichen Herrschaft ist es gelungen, ihre Macht mit religiösen Meinungen zu verschmelzen und damit jeden Widerstand gegen ihre Unterwerfungsabsichten als sündhaft zu stigmatisieren. Dies ist eine gut durchdachte Vorgehensweise, bei der zwischen dem Islam als Religion und der männlichen Herrschaft nicht unterschieden wird. Ihre Vertreter vermitteln das Bild, dass sie selbst der Islam seien und ihre Aufgabe darin bestehe, die anderen durch ihre Führung auf den rechten Weg zu bringen. Sie erhalten dadurch den Status einer zwischen Gott und den Menschen vermittelnden Instanz.[22] Gezielt arbeiten die Wortführer der männlichen Führungsriege daran, ihre Macht in die Nähe von etwas Heiligem zu rücken. Denn umhüllt von einer Aura des Heiligen, die „gleichzeitig abschreckt und anzieht, terrorisiert und bezaubert“[23], erlangt die männliche Herrschaft noch größere Autorität. Die Macht soll also nicht nur Furcht, sondern auch Respekt auslösen, damit die innere Stabilität der muslimischen Gemeinde im Westen keinesfalls beeinträchtigt wird. Das Kopftuch wird dabei zu einer kollektiven Verpflichtung, da es ein Symbol für den Zusammenhalt ihrer Mitglieder ist.

Seit dem neunten Jahrhundert hat es innerhalb der Ideengeschichte des Islam nicht an „Ratgebern für die Frauen“ gemangelt. Diese Abhandlungen lehren die Musliminnen, wie sie ihr Leben führen und sich in ihren Familien und Gemeinden verhalten sollen. Sich auf den juristisch-politischen Koran und die Tradition des Propheten berufend, weisen diese Schriften die Frauen an, dem Mann zu dienen und zu gehorchen. Hierbei handelt es sich um beachtlich ausführliche Abhandlungen, die bis ins Detail die Existenz der Frauen regeln und organisieren. Sie entwickeln eine Art „Kunst des Gehorsams“, deren Regeln nicht in Frage gestellt werden dürfen.

Hierbei spielt die Frage nach der Beziehung von Macht und Wissen eine zentrale Rolle, denn Wissen ermöglicht uneingeschränkte Autorität und die Aufrechterhaltung der Kontrolle über die anderen. Die Ausübung der Kontrolle über Geist und Körper der Frauen muss dementsprechend durch Wissen legitimiert werden. Die Macht ist also letztendlich nicht vom Wissen zu trennen, oder, anders gesagt: Das Wissen muss der männlichen Herrschaft dienen, und zwar auch in der Form, dass die männliche Herrschaft Wissensstrukturen bezüglich der Beherrschung der Frauenwelt vorgibt. Daher sehen sich die Wortführer der Muslime im Westen zusammen mit den Gelehrten nicht nur als Vermittler der religiösen Grundsätze, sondern auch als ihre Behüter.

Ziel der männlichen Herrschaft ist es dabei allerdings, in die Alltagsgewohnheiten der Musliminnen einzudringen, um dadurch ihre Kontrolle auszubauen. Beispiel für dieses Ansinnen ist das weltweit bekannte Buch „Erlaubtes und Verbotenes im Islam“ aus dem Jahre 1960, verfasst von dem ultrakonservativen Rechtsgelehrten Yūsuf ‘Abdallāh al-Qaraḍāwī. Es ist in den Moscheen des Westens in allen Sprachen erhältlich. Dieses Hauptwerk der Rechtsprechung regelt das Leben der Muslime bis ins Detail und führte zur Herausbildung von Gegengesellschaften. Der Band wurde im Jahre 1969 von dem Konvertiten Ahmad von Denffer ins Deutsche übersetzt, seine Inhalte waren jahrelang Grundlage für den Islamunterricht an österreichischen Schulen.[24]

Die enge Verbindung von Wissen und Macht sorgt für den Erfolg der Pädagogik der Unterwerfung, denn durch den Bezug auf die kanonischen Quellen wurden die Frauen zu einem Schutzobjekt der Männer gemacht. Die Bestimmung, wer über das Wissen verfügt, definiert gleichzeitig, wer die Herrscher und wer die Beherrschten sind. Die männliche Macht als regierende Autorität besitzt nicht nur das Wissen in allen Fragen der Religion, sondern sie fungiert auch als vermittelnde Instanz. Unter Anwendung der schwarz-weißen Pädagogik ist sie dadurch sogar in der Lage, widerständige Frauen mit der Strafe Gottes im Jenseits zu erpressen. Die Gelehrten sind die Schlüsselfiguren bei der Unterdrückung der Frauen, denn sie besitzen angeblich das unverzichtbare Überwissen. Und die männliche Herrschaft benötigt Intellektuelle als religiöse Ideologen, die die Unterdrückung der Frauen zu einem überzeugenden Grundsatz im Namen einer Religion machen. Die Eltern berufen sich währenddessen auf ihre bisherigen Erfahrungen und die Imame missbrauchen die Kanzel in der Moschee als Machtzentrale für die Etablierung der ihnen vorschwebenden Herrschaftsstrukturen.

Die Denkstrukturen der männlichen Herrschaft bewegen sich schematisch gesehen innerhalb folgenden Dreiecks: Wahrheit – Recht – Macht. Ihre Vertreter sind der Überzeugung, dass sie Gott auf Erden ersetzen. Aus diesem Grund beanspruchen sie für sich, die einzigen Vermittler der göttlichen Wahrheit zu sein und berufen sich dabei auf den Koran (16:43). Diese Stelle im Koran nehmen sie ebenfalls zum Anlass, um sich als „die Leute der Mahnung“ zu inszenieren, die von den anderen Muslimen in allen Angelegenheiten der Religion befragt werden müssen. Und dabei haben sie immer recht, denn sie legen die Verhaltensweisen der Muslime gemäß ihrer eigenen Interpretation fest. Sie haben auch recht bei ihrer Entscheidung hinsichtlich des Schicksals der Frauen. Die Deutungshoheit dürfen sie keinesfalls verlieren, denn sie bestärkt sie in der Überzeugung, dass sie das Privileg haben, nicht nur religiöse Vorschriften zu produzieren, sondern anhand ihrer Auslegungen zu bestimmen, wie die Muslime und vor allem die Frauen leben sollen.

Die Vertreter der männlichen Obrigkeit wollen die Frauen durch die Verschleierung beherrschen, diese Vorschrift ist eine Art Dressur ihres Körpers und Geistes. Die Frauen dürfen nicht als Menschen in Erscheinung treten, sondern dienen mit ihrem unsichtbar gemachten Körper als Symbol einer kollektiven Identität. Das individuelle Selbst ihrer Identitätsfindung soll durch Fremdbestimmung unterbunden werden. Ich bin sicher, dass viele Mädchen und Frauen, die kein Kopftuch tragen wollen, dem kollektiven Zwang ihrer Gemeinde und Familie ausgesetzt sind. Wenn sie schließlich doch nachgeben, dann nicht freiwillig.

Scham und Erpressung: Die geraubte Kindheit

Kein Begriff bestimmt den Alltag der islamischen Gesellschaft und das Frauenbild so sehr wie der der Ehre. Die Ehre der männlichen Herrschaft definiert sich über das vorbildliche Benehmen der Frauen außerhalb des Hauses. Für Frauen darf es beispielsweise keinen Geschlechtsverkehr außerhalb der Ehe geben. Kommt dies hingegen bei einem männlichen Jugendlichen oder bei einem Mann vor, so wird die Würde der Familie nicht in Frage gestellt. Jeder natürliche Umgang zwischen den Geschlechtern bleibt beiden Geschlechtern somit untersagt, weshalb man sich nicht wundern darf, dass sexuelle Gewalt ein Bestandteil des Alltags der Menschen in der islamischen Kultur ist. Denn die Sexualität ist und bleibt ein komplexes Tabuthema. Man verhält sich so, als ob es sie nicht gäbe. Diese Tabuisierung entsteht durch die konservativ-patriarchalische Erziehung der männlichen Herrschaft, die den Geschlechtsverkehr nur innerhalb einer legal geschlossenen Ehe absegnet. Das Kopftuch dient als Vorsichtsmaßnahme, die eventuelle Begierden gar nicht erst aufkommen lassen soll. Eine verschleierte Frau verbietet sich einiges, wie etwa einen Freund zu haben oder Geschlechtsverkehr vor der Ehe zu erleben.

Das Kopftuch hat in muslimischen Ländern ebenso wie in den muslimischen Gemeinden im Westen einen hohen Stellenwert. Es zeigt nicht nur die religiöse Orientierung der Frauen an, sondern dient auch zur Bewertung ihrer Familie und Verwandten. Denn die Verschleierung ist Indiz dafür, ob die Familie religiös und gläubig ist. Eine Muslimin ohne Verschleierung wird von der männlichen Herrschaft hingegen als „anders" betrachtet. Es wird ihr unterstellt, dass sie ihren Körper zur Schau und damit anderen zur Verfügung stellt. In der patriarchalen Gesellschaftsordnung besteht der Konsens, eine solche Frau sei keine „wahre“, keine „richtige“ Muslimin. Sie sei eine Muslimin, die keinen Respekt vor der eigenen Religion und vor den anderen Muslimen habe. Sie sei eine Außenseiterin, da sie sich nicht an das Verschleierungsgebot halte. Ihre Zugehörigkeit zur muslimischen Gemeinde wird dadurch in Frage gestellt. Viele Musliminnen und Muslime sind sich jedoch bewusst, dass sie im Westen Angehörige einer Minderheit und deshalb auf die Anerkennung ihrer Glaubensgemeinschaft angewiesen sind.[25] Aber ohne den Rückhalt der Familie, der Verwandten und der Gemeinde als „seelischer Heimat“ scheinen sie hilflos zu sein. Und nur durch das Kopftuch können sie zur Gemeinde der Muslime im Westen gehören und dadurch respektiert werden.

Vorab muss verdeutlicht werden, dass sich kein Mädchen, weder im Westen noch in den muslimischen Ländern, im Kindergarten oder in der Grundschule freiwillig für das Kopftuch entscheiden würde. Kein Mädchen vor der Pubertät kommt auf die Idee, dass es seinen Körper verschleiern oder seine Haare mit einem Tuch bedecken sollte. Die Mädchen können sich noch nicht einmal vorstellen, dass ihr Körper ein Objekt der Begierde sein könnte und deshalb vor den Männern geschützt werden muss. Ein Mädchen, das mit Kopftuch im Kindergarten oder in der Schule erscheint, hat jedoch bereits die Erfahrung gemacht, dass es sich am Wochenende beim Besuch des Koranunterrichts in der Gemeinde verhüllen muss.

Die Verschleierung der Mädchen ist also auf den Einfluss der Eltern und der muslimischen Gemeinden zurückzuführen. Viele dieser Mädchen behaupten allerdings aus Angst vor der Reaktion bzw. vor Sanktionen ihrer Eltern, dass sie sich selbst für das Kopftuch entschieden haben. Alle führen als Grund für ihre Entscheidung an, dass die Verschleierung eine religiöse Vorschrift sei sowie integraler Bestandteil ihrer kulturellen Identität. Außerhalb der Schule trauen sich die Mädchen also nur das zu sagen, was ihnen ihre Eltern diktiert haben. Die siebenjährige Samia berichtet ihrer Deutschlehrerin, dass ihre Mutter Folgendes gesagt habe: „Wenn du den Nichtmuslimen erzählst, dass deine Familie wollte, dass du ein Kopftuch trägst, dann nimmt dich das Jugendamt uns weg und du musst in einer fremden deutschen Familie leben. Du wirst uns nie wiedersehen." Der Körper der Mädchen wird also nicht nur sexualisiert, sondern sie werden auch emotional erpresst. Sie werden manipuliert, damit sie Unbeteiligten nicht erzählen, dass sie zum Tragen des Kopftuchs gezwungen wurden. Der Religionspädagoge Mohannad Khorchide führt in diesem Kontext einige angstmachende Sätze an, die beispielhaft für die Einschüchterung und Erpressung seitens der Eltern gegenüber ihren minderjährigen Töchtern sind: „Gott liebt nur die Mädchen, die Kopftuch tragen, und jetzt entscheide du, ob du willst, dass Gott dich liebt oder nicht", „Mädchen, die kein Kopftuch tragen, wird Gott ihre Haare in der Hölle verbrennen, und nun entscheide selbst, ob du ein Kopftuch tragen willst", „Ein kopftuchtragendes Mädchen ist viel anständiger als eines ohne Kopftuch, also entscheide dich."[26]

Die 30-jährige Hanan erinnert sich: „Ich war zehn Jahre alt, als ich zur Verschleierung von meiner Familie gezwungen wurde. Manchmal wurde damit gedroht, dass ich ansonsten zu Hause bleiben müsste. Ich beneidete die anderen Mädchen ohne Kopftuch. Ich wünschte mir immer, wie sie auszusehen. In den ersten Jahren fühlte ich mich wie erstickt durch das Kopftuch." Mansur Seddiqzai, der in Dortmund als Gymnasiallehrer arbeitet, stellt in seinem Artikel mit dem Titel *Wie freiwillig ist die Entscheidung?* fest: „In vielen muslimischen Familien hat es sich durchgesetzt, dass die Mädchen das Tuch beim Übergang von der Grundschule zur weiterführenden Schule aufsetzen.“[27] Die männliche Herrschaft will die Kontrolle über die Erziehung der Mädchen nicht verlieren, weil die Angst vor der Entfremdung durch die Mehrheitsgesellschaft einfach zu groß ist.

Die Gelehrten vertreten die Sichtweise, dass die Mädchen ab der Pubertät den ganzen Körper außer den Händen und dem Gesicht bedecken sollten. Figurbetonte oder durchsichtige Kleidung ist schlichtweg verboten. „Mit dem Eintreten der Geschlechtsreife findet der Begriff Scham Anwendung, und die Kleidervorschriften treten in Kraft.“[28] Es herrscht unter den Muslimen der Konsens, dass die Pubertät im Alter zwischen neun und 13 Jahren beginnt. Mit 14 Jahren sollte jedes Mädchen ein Kopftuch tragen. Damit endet die „unschuldige“ Kindheit der Mädchen und damit ein unbeschwerter Lebensabschnitt. Die Verschleierung soll bei ihnen das Gefühl erwecken, dass sie nun zur Frau geworden seien und Verantwortung für ihr Benehmen trügen – ab diesem Zeitpunkt schlüpfen sie somit in eine ihnen fremde Rolle.

Die Sehnsucht nach Selbstbestimmung muss schon ab der Pubertät unterdrückt werden, damit die Freiheit, die ein Mädchen in diesem Lebensabschnitt empfinden und erleben könnte, später nicht vermisst werden kann. Freiheit muss für sie eine unbekannte Erfahrung bleiben. Die Verschleierung soll den Mädchen signalisieren, dass sie anders geworden sind, und zwar anders als die unverschleierten Mädchen. Interessanterweise möchte die männliche Herrschaft mittels Kopftuch ausgerechnet die Pubertät als Altersabschnitt quasi abschaffen oder doch zumindest regulieren. Und das Kopftuch hat noch weitere Auswirkungen: Ein Mädchen dieses Alters soll in ständige Furcht vor dem eigenen Körper und vor denen der anderen versetzt werden. Die männliche Herrschaft ist darauf aus, ihren Körper zu beherrschen, und deshalb muss zunächst sie dazu gebracht werden, diesen unter Kontrolle zu bringen. Sie soll ihn beherrschen und nicht umgekehrt. Während die Mädchen außerhalb ihres Zuhauses in ständigem Kontakt mit der Mehrheitsgesellschaft stehen, etwa in der Schule, übernimmt der Schleier die wichtige Aufgabe einer stetigen körperlichen und psychischen Disziplinierung – und dies in einem jungen Alter.

Letztendlich will die männliche Herrschaft gezielt den bewussten Bezug zum eigenen Körper verhindern. Ein selbstbewusster Umgang mit dem eigenen Körper soll vermieden werden. Väter, Mütter und Brüder sind ab der Pubertät darum bemüht, die Ehre der Frauen zu bewahren, es beginnt im Leben der Frau eine Ära der ständigen Kontrolle außerhalb des eigenen Zuhauses. Interessanterweise tragen die meisten muslimischen Schülerinnen nicht von heute auf morgen ein Kopftuch. Sie kommen oft nach den Sommerschulferien verhüllt in die Schule. Möglicherweise wollen sie die anderen Mitschülerinnen und -schüler nicht schockieren und hoffen, dass ihnen viele Fragen nach ihren Beweggründen erspart bleiben.

Die verbalen Erpressungsstrategien der Eltern und älteren Geschwister werden schon früh eingesetzt und sie bleiben sehr selten ohne Erfolg. Mädchen ohne Verschleierung befänden sich im Irrtum und müssten rechtgeleitet werden. Sie seien dem Zorn Gottes verfallen. Verschleierte Mädchen hingegen seien auf dem geraden Weg, und Gott erweise ihnen Gnade. Bei dieser Argumentation handelt es sich um eine Anspielung auf den Koran (1:6–7). Solche emotionalen Sätze mit unbeschreiblicher Überzeugungskraft müssen rasch zu einem Selbstwertverlust führen. Es wird deutlich vermittelt, dass Frauen ohne Kopftuch vor den Blicken der Fremden nicht geschützt werden können. Die jungen Frauen sollen sich ohne Kopftuch nackt fühlen. Sie sollen sich für ihren unverschleierten Körper schämen und durch diese verbalen Ausgrenzungen gedemütigt werden.

Die männliche Herrschaft ist auch darauf bedacht, dass die Selbstbestimmung durch ein neues Selbstbild ersetzt wird. Dieses neue Bild beinhaltet Gehorsam und Unterwerfung, denn die Verschleierung ist Voraussetzung dafür, das vorbildliche und musterhafte Mädchen zu werden, auf das alle stolz sind. Nicht-verschleierte Mädchen bzw. Frauen bekommen Sätze zu hören wie: „Wir sind um dich besorgt, weil wir Angst um dich haben". Mit solchen Sätzen will die männliche Macht den Mädchen schlicht das Gefühl vermitteln, dass sie sie beschützen möchte. Sie sollen glauben, dass sie wehrlose und schwache Wesen sind, mit denen die Vertreter der männlichen Herrschaft behutsam umgehen. Ohne ihren Schutz könnten sie nicht leben. Deshalb raten sie ihnen zum Tragen eines Kopftuchs, weil sie nur an ihre Interessen denken. In dieser autoritätshörigen Haltung bleiben die Mädchen oft bis ins Erwachsenenalter und setzen das Spiel häufig mit ihren eigenen Kindern fort. Sie sind es gewohnt, dass ihnen Vertreter der männlichen Autorität sagen, was sie zu tun und zu lassen haben, weil diese angeblich alles besser wissen.

Und somit werden die Mädchen von Angst, Schuld- und Schamgefühl regiert. Diese Gefühle ergänzen sich bestens und können miteinander einen immensen psychischen Druck auf die Mädchen ausüben. Wo Scham ist, ist oft auch Schuld.

Und das Verhältnis zwischen den beiden soll die Angst eng verbinden und intensivieren. Diese drei emotionalen Zustände sorgen für das Unwohl der nicht-verschleierten Mädchen und alle drei haben Anteil an der Durchsetzung des Kopftuchs. Die Mädchen sollen Angst vor den Männern und den Fremden haben. Nicht selten wird der Mann bzw. der Fremde als ein wildes Tier beschrieben, von dem Gefahr ausgehen kann, als „testosterongesteuerter Schwerenöter",[29] dem die Mädchen in der Öffentlichkeit ausgeliefert sind. Ohne Kopftuch soll die Schuld in Form eines schlechten Gewissens der ständige Begleiter der Mädchen sein. Mithilfe des schlechten Gewissens wollen die Vertreter der männlichen Herrschaft die Diskrepanz zwischen dem abschaffen, was die Mädchen gern sein wollen, wie sie sind, und der Erwartung an sie, das Kopftuch zu tragen. Hinter den Schuldgefühlen steckt auch die Furcht, von der eigenen Familie abgelehnt zu werden und von der eigenen Gemeinde verstoßen zu werden. Selbstverständlich resultieren die Schuldgefühle aber auch aus den Schamgefühlen, die das Nicht-verschleiert-Sein mit sich bringen. Scham, Schuld und Angst sollen den Mädchen letztendlich innere Richter sein, ständige Begleiter, die sie zur Verschleierung bewegen.

Eine weitere Erpressungsstrategie ist in den folgenden Sätzen zu beobachten: „Als Muslimin sollst du ein Kopftuch tragen"; „Das Kopftuch ist eine religiöse Vorschrift"; „Nur Nichtmusliminnen verschleiern sich nicht"; „Gott hat gewollt, dass sich die Frauen verschleiern"; „Dadurch dienst du Gott und befolgst seine Gebote und vermeidest seine Verbote". Solche Sätze sollen an die Strafen Gottes im Jenseits für die Ungehorsamen erinnern. Den Mädchen wird vermittelt, dass sie mit Kopftuch plötzlich besondere Menschen seien, rein und sauber im Vergleich zu den ehrlosen, nicht verschleierten Musliminnen und den deutschen Mädchen. Solche Sätze haben eine Überzeugungskraft, da sie Hoffnung auf ein besseres Leben nicht nur im Diesseits, sondern auch im Jenseits wecken. Letztendlich will die männliche Herrschaft die Mädchen gezielt an der aktiven Teilnahme in der Mehrheitsgesellschaft außerhalb der muslimischen Gemeinde hindern.

Die Überzeugungsarbeit soll außerdem die muslimischen Mädchen bzw. Frauen von den Frauen in der Mehrheitsgesellschaft abgrenzen. Eine Frau kann ihrer Auffassung nach nur eine „echte" Muslimin werden, indem sie sich verschleiert. Denn dadurch verhalte sie sich gegenüber dem Islam und den Muslimen loyal und verantwortlich. Solche Behauptungen sollen bewirken, dass die Verschleierung den Frauen Selbstwert verleiht und ihre kulturelle Identität als Muslimin dadurch definiert wird. Würden sie sich nicht verschleiern, dann würden sie selbst dafür die Schuld tragen, dass sie nicht als Musliminnen wahrgenommen werden. Die männliche Herrschaft will den Frauen weismachen, dass ein Leben ohne Kopftuch geltendes islamisches Recht verletzt. Nur durch Rücksicht auf das angebliche Religionsgebot der Verschleierung würden sie sich an ihre religiöse Identität und an die Gebote und Verbote Gottes halten.

Der weibliche Körper wird zum Sexobjekt degradiert, er muss deshalb mithilfe der Verschleierung bedeckt werden. Frauen sollen sich ohne Kopftuch nackt fühlen. Dieser Nacktheitszustand erinnert uns an den im Koran dargestellten Sündenfall von Eva und Adam im Paradies.[30] Nachdem sie unerlaubterweise von dem Baum kosteten, wurde ihnen ihre Blöße sichtbar und sie begannen, sich mit Blättern aus dem Garten zu bedecken. Nackt zu sein gilt als Sünde bzw. als etwas Böses, das von Gott bestraft wird. Und damit übernimmt das Kopftuch nicht nur die Rolle, den Körper zu bedecken, sondern auch die Rolle des Bewachers vor der Sünde.

Auch der Satz der Eltern oder der Geschwister, „Das tut uns weh, dich ohne Kopftuch zu sehen“, kann die Durchsetzung der Verschleierung gewährleisten. Er soll Schuldgefühle bei den betroffenen Frauen auslösen, denn ohne Kopftuch leiden die Angehörigen ihrer Familien angeblich. Dadurch werden die Frauen in Verlegenheit gebracht und die Entfaltung eines starken Selbstbewusstseins wird eingedämmt. Solche Sätze können sogar durch einen weiteren Satz intensiviert werden: „Fürchtest du dich nicht vor der Strafe Gottes im Diesseits und im Jenseits?“ Dadurch gewinnt die Furcht von der ewigen Verdammnis in der Hölle Bedeutung, und sie soll die Durchsetzung des Kopftuchs beschleunigen. Selbstverständlich wissen die Vertreter der männlichen Herrschaft, dass die Legitimation des Kopftuchs durch die Religion die treibende Kraft für seine Verwirklichung ist. Deshalb wollen sie ihre Anforderungen anhand der islamischen Religion zur Geltung bringen.

Zusammenfassend kann Folgendes gesagt werden: Scham, Angst und Schuld sollen bei nicht verschleierten Musliminnen geweckt werden. Alle drei Gefühle sollen ihr schlechtes Gewissen wachrütteln. In der muslimischen Kultur, in der viel Wert auf die eigene Ehre gelegt wird, wird eine Frau ohne Kopftuch als eine Person betrachtet, die keine Rücksicht auf die eigene Religion nimmt. Darüber hinaus respektiert sie weder ihre Familie noch die Mitglieder ihrer muslimischen Gemeinde. Sie soll sich nicht nur schämen, sondern sie trägt die Schuld dafür, dass sie kein Kopftuch trägt. Und in der islamischen Erziehung, die teilweise von Scham geprägt ist, soll die eigene Entscheidung immer in Bezug auf die Achtung der anderen getroffen werden.

Durch diese verbale Erpressung sollen die Mädchen davon überzeugt werden, dass der Körper als eine verbotene Zone im Sinne des Unerlaubten (*ḥarām*) gilt. Keiner darf sich daranwagen oder sich ihr nähern. Haben die hier behandelten Sätze keinen Erfolg, dann beginnt eine neue Phase, in der Sanktionen gegen die Frauen verhängt werden. Diese dienen zur Abschreckung und sollen kommunizieren, dass die männliche Herrschaft mächtig ist und diejenigen, die die Verschleierung verweigern, ihr gegenüber machtlos sind.

Überwachen als ständige Kontrolle

In unserer Zeit ist der Körper der muslimischen Frau innerhalb der muslimischen Gemeinden auf der ganzen Welt Gegenstand strenger Regelungen und Gesetze geworden. Die männliche Herrschaft ist stets darum bemüht, ihn intensiv zu überwachen. Als historisches Produkt der männlichen Herrschaft ist die Verschleierung eine durchdachte Strategie zur Eliminierung der Freiheit der Musliminnen. Es stellen sich nun folgende Fragen: Wie wird die Überwachung als eines der sozialen Sanktionsmittel vollzogen? Warum müssen die Mädchen und Frauen kontrolliert werden? Welche Vorteile bringt die Überwachung? Und wer übernimmt die Rolle des Aufsehers?

Das Kopftuch ist nicht nur ein Symbol der Unterdrückung, es ist auch ein Zeichen der Treue gegenüber der vorherrschenden Moral innerhalb der kollektiven Identität der Muslime. Seit dem siebten Jahrhundert ist der Körper der Frau Zielscheibe der ewigen Überwachung und Kontrolle durch die männliche Herrschaft. Er wurde zum Anlass für einen unerbittlichen Kampf zwischen Töchtern und Eltern, zwischen Freiheit und Unterwerfung und zwischen den einzelnen Kontrollinstanzen der männlichen Herrschaft. In muslimischen Familien im Westen handelt es sich heute oft um einen Kampf der Generationen – die Elterngeneration will blind an den Werten ihrer eigenen Kultur und deren identitätsstiftenden Symbolen festhalten und die junge Generation möchte gerne entsprechend den Werten und dem Geist der westlichen Kultur leben. Die Elterngeneration sieht sich durch die Umsetzung des Kopftuchgebots als Beschützerin der Wert- und Moralgrundsätze der islamischen Kultur. Und tatsächlich wollen die Vertreter der männlichen Herrschaft dadurch nicht nur die Mädchen und Frauen daran hindern, gegen die kulturellen Symbole zu rebellieren. Sie wollen insgesamt eine angepasste Generation heranziehen, die nicht aufbegehrt, sondern widerstandslos mit den vermittelten Werten und der vorherrschenden Moral lebt.

Die männliche Obrigkeit erklärt den Körper der Frau zum Gegenstand ihrer Besorgnis und macht ihn dadurch zur Chefsache. „Dein Körper gehört dir nicht, denn du bist nur eine Frau, die unbedingt zu schützen ist“, so lautet der Konsens in der muslimischen Kultur. Die 25-jährige Fatiha, eine in Frankreich lebende Algerierin, musste immer wieder solche Sätze über sich ergehen lassen. „Dein Körper gehört selbstverständlich zu dir als Frau, allerdings sind wir Teilinhaber deines Körpers. Deshalb müssen wir bestimmen, wie du mit deinem Körper umgehst“, argumentierten ihre männlichen Diskussionspartner. Ihr älterer Bruder, der immer islamistischer wurde, drohte ihr: „Du ordnest dich dem Verschleierungsgebot unter oder wir werden dich bestrafen und die Art der Bestrafung legen wir selbst fest.“ Nach einiger Zeit trug sie ein Kopftuch, damit sie in Ruhe gelassen und außerhalb ihres Zuhauses nicht länger kontrolliert wurde.

Allerdings hat sie sich dabei nie wohlgefühlt. „Inzwischen trage ich kein Kopftuch mehr“, berichtet Fatiha, „denn ich wollte mich von den Vorschriften meiner Familie befreien. Heute führe ich mit meinem liberalen Ehemann ein freies Leben.“

Auch der Bericht der 19-jährigen Gönül ist in diesem Zusammenhang erwähnenswert. Beim gemeinsamen Abendessen erzählte ihr Vater ihrer Mutter: „Nach dem Freitagsgebet in einer türkischen Moschee fragt mich mein Freund, warum meine Tochter noch kein Kopftuch trägt. Ich soll das Mädchen jetzt dazu bewegen.“ Er sagte: „Je früher du es tust, desto besser, bevor es zu spät ist.“ Diese Überzeugung ist sehr verbreitet unter muslimischen Eltern. Je älter und unabhängiger die Mädchen werden – insbesondere in der westlichen Gesellschaft –, desto schwieriger werde es für die Eltern, das Kind von der Verschleierung zu überzeugen oder es gar dazu zu zwingen. Zum Zeitpunkt dieses Gesprächs ihrer Eltern war Gönül 13 Jahre alt. Ihre Brüder begannen von da an, sie überall außerhalb des Hauses zu kontrollieren. Der Vater schien zu befürchten, dass sie links liegen gelassen würden und das Gesicht vor den Landsleuten verlören. Die Reputation der eigenen Familie durfte wegen des Kopftuchs nicht aufs Spiel gesetzt werden. Die muslimische Frau hat fast keine andere Wahl, sie muss ein Kopftuch tragen, besonders wenn sie zu einer konservativen Familie gehört. Deren Kontrollmechanismen sehen letztlich vor, dass die muslimischen Frauen Abstand von den Mitmenschen außerhalb ihres Zuhauses nehmen. Der Einfluss von nicht verschleierten Musliminnen sowie von Nicht-Musliminnen soll sich so minimieren. Neben der Überzeugungsarbeit, die die muslimischen Frauen zum Tragen des Kopftuchs bewegen soll, kommen die von der männlichen Obrigkeit entwickelten Züchtigungs- und Einschränkungsmaßnahmen zum Tragen. Die Überwachung ist ein strategisches Kalkül, das Sozialisationsstrukturen ausbildet, an denen verschiedene Beteiligte ihren Anteil haben. Genauer gesagt: Es besteht ein sozialer Vertrag, bei dem ein ganzes Bündel von Allianzen eine Rolle spielt. Die Hüter der Sitten und Gebräuche können auch die Schwestern, Tanten und sogar muslimische Bekannte der Familie sein. Brüder übernehmen häufig Kontrollaufgaben außerhalb der Familie. Neben der Figur des Vaters als der mächtigsten Person in der Familie kontrollieren auch die bereits unterworfenen Mütter ihre eigenen Töchter auf Schritt und Tritt. Ohne Kopftuch dürfen diese nur in Begleitung ausgehen. Schwimmkurse, Sport in der Schule und Klassenfahrten sind ihnen untersagt. „Ab der vierten Klasse durfte ich nicht mehr allein in die Schule gehen", erinnert sich die Studentin Noura. „Mein älterer Bruder musste mich immer begleiten. Jeder Kontakt mit meinen Mitschülerinnen blieb mir außerhalb der Schule verwehrt. Ich durfte allein mit meinen Schulfreundinnen nirgendwohin gehen." Eine schmerzliche Erfahrung, die viele der muslimischen Mädchen machten, so berichtet Noura.

Die bereits unterdrückten Frauen, Mütter oder Schwestern werden sozusagen zu Wächterinnen des Tempels der männlichen Obrigkeit. Sie identifizieren sich mit den Machtstrukturen der Unterwerfung, indem sie die Aufgabe übernehmen, für die Umsetzung des Kopftuchgebots zu sorgen. Zu dieser Gruppe gehören auch viele der sogenannten neomuslimischen Konvertitinnen. Diese Neomusliminnen weisen immer darauf hin, dass sie sich freiwillig für das Kopftuch entschieden haben. Jedoch sieht die Realität völlig anders aus. Ohne Verschleierung würden diese Frauen niemals in ihren muslimischen Gemeinden akzeptiert bzw.

ernstgenommen werden. Sie versuchen durch das Kopftuch Anschluss an ihre neue Lebenswelt zu finden. Ihre Überzeugung, sich freiwillig verschleiert zu haben, ist daher eher in Zweifel zu ziehen. Interessanterweise sind es oft gerade die Neomusliminnen, die zu erbitterten Verfechterinnen der Unterwerfung der Frau und somit zu Hüterinnen der männlichen Herrschaft werden.

Diese bereits unterdrückten Frauen können als die Feinde ihrer eigenen Töchter betrachtet werden. Denn sie sind mitverantwortlich für die Unterwerfung anderer Frauen. Innerhalb der gegebenen Machtverhältnisse leben sie als Beherrschte und gleichzeitig tragen sie dazu bei, dass dies in gleicher Weise ihren eigenen Töchtern widerfährt. Als weitere Kontrollinstanz wollen diese Frauen dadurch die Männer in ihrer Verantwortung als Herrscher entlasten. Und tatsächlich, ohne die Unterstützung solcher Frauen, die sich längst mit ihrem Schicksal abgefunden haben, könnte die Unterwerfung der Frau nicht derart erfolgreich durchgeführt werden. Man könnte sie als „die privilegierten Vertreterinnen" der Unterwerfungsmacht bezeichnen. Sie genießen eine Sonderstellung innerhalb der Hierarchie der männlichen Herrschaft, da sie als Helferinnen bei der Aufrechterhaltung der patriarchalen Gesellschaftsordnung gelten. Aufgrund ihrer unermüdlichen Überzeugungsarbeit bei der Durchsetzung der Verschleierung und ihrer Bemühungen, die Ordnung in der Gemeinde zu sichern, gesteht ihnen die männliche Obrigkeit den sozialen Status von „Privilegierten" zu. Sie werden als treue Mitglieder der muslimischen Gemeinde angesehen, denn ohne ihre Kontrolltätigkeit hätte die Repression der nicht verschleierten Frauen keinen Erfolg. Bei den Kontrollmaßnahmen zieht sich die männliche Obrigkeit weitgehend zurück und lässt die bevorrechteten Frauen gewähren. Da diese gleichzeitig Mütter, Schwestern und Tanten sind und im regen Kontakt zu den eigenen Töchtern bzw. zu anderen Frauen stehen, kommt ihnen sowohl die Überzeugungsarbeit als auch die Kontrolle zu.

Die Moschee wird ebenfalls zu einem Ort der Kontrolle. Wenn die Mädchen mit dem Einverständnis der Eltern am Wochenende den Koranunterricht in den Moscheen[31] besuchen, dient dies der Durchsetzung der Pädagogik der Unterwerfung. Es ist eine subtile Art der Überwachung, die dafür sorgt, dass die Mädchen schon in jungen Jahren das Kopftuch tragen, zumindest, wenn sie sich in den Räumen der Moscheen aufhalten. Sie sollen sich für einige Stunden mit dem Kopftuch vertraut machen und sich allmählich daran gewöhnen. Und diese Überzeugungsarbeit scheint bei vielen zu funktionieren. Hierbei spielt der Aspekt der Zugehörigkeit durch das Äußere eine zentrale Rolle.

Abgeschirmt von fremden Einflüssen bleiben die Mädchen hauptsächlich unter sich.[32] Denn die Emanzipation der muslimischen Kinder in Europa ist Eltern und Gemeinden ein Dorn im Auge. Viele Eltern fühlen sich durch die Herausforderungen des modernen Lebens in ihrem Glauben verunsichert und bedrängt. Die Moschee ist ihrer Meinung nach in der Lage, einen erheblichen Beitrag beim Thema der Kopfbedeckung zu leisten. Und ein solcher Ort des Kultus erscheint ihnen als vermeintlich sichere Stätte, an der man der Entfremdung durch die Normen der westlichen Kultur entfliehen kann. In diesem Zusammenhang kann man vom Entstehen eines „geistigen Ghettos“ in der sogenannten Diaspora sprechen, das zur Ausgrenzung der hier geborenen Kinder und besonders der Mädchen bis hin zur gesellschaftlichen Marginalisierung führen kann.

Die dort gelehrten Inhalte konzentrieren sich auf die Strafe Gottes, die Hölle mit ihrem ewigen Feuer und den Satan als Verführer – es ist immer wieder die gleiche monotone Leier. Durch diese schwarz-weiße Pädagogik soll besonders die Sozialisation der Mädchen in der Mehrheitsgesellschaft, wie etwa in der Schule, verhindert werden. Sie sollen sich an die Vorschriften des Islam halten und vor allem an das Kopftuchgebot. Dass dieses eine religiöse Vorschrift ist, wird ihnen hier eingetrichtert. Emel Zeynelabidun wurde 1960 in Istanbul geboren und wuchs in Deutschland als Tochter eines irakischen Chirurgen und einer türkischen Mutter auf. Im Jahre 2005 legte sie das Kopftuch ab – sie hatte es 30 Jahre lang getragen. Bei der Verschleierung, so sagt sie, geht es „um die Schicksale von jungen Mädchen, die vor Manipulation bewahrt werden müssen".[33] Emel Zeynelabidun kann als sehr glaubwürdige Expertin gelten, denn sie engagierte sich unter anderem als Vorsitzende eines muslimischen Frauenvereins und gründete in Berlin einen islamischen Kindergarten und eine Schule. Dennoch betrachtet Zeynelabidun meines Erachtens die Gemeinden bzw. die Moscheen inzwischen als Ort der Kontrolle der Mädchen. Das Kopftuch kann ihrer Meinung nach „keine dauerhafte Orientierung für eine individuelle, weibliche Identitätsfindung sein." Denn durch die Entscheidung für diese Kopfbedeckung werde „der Selbstfindungsprozess in der Pubertät besiegelt".[34] Die in Frankreich tätige Soziologin Nilüfer Göle vertritt erstaunlicherweise eine entgegengesetzte Meinung – eine Meinung, die mit der Realität nichts zu tun hat. Ihrer Ansicht nach ist die Kopfbedeckung keine Tradition, „die von einer Generation zu anderen weitervermittelt wird. Sie ist auch keine Angelegenheit der Gemeinschaft, die von dieser erzwungen ist."[35] Der kollektive Zwang in den Familien und in den Gemeinden hat für die Autorin offenbar keine zentrale Bedeutung bei der Durchsetzung der Verschleierung. Die andauernde Kontrolle durch die männliche Herrschaft, die viele Musliminnen in ihrer Persönlichkeitsentwicklung schmerzhaft beeinträchtigt, spielt in den Ausführungen der Wissenschaftlerin ebenfalls keine Rolle.

Die muslimischen Mädchen und Jungen kann man als die Generation bzw. die Kinder des Koranunterrichts am Wochenende bezeichnen oder auch als die Generation des *ḥalāl* (Erlaubten) und *ḥarām* (Verwerflichen). Ihnen wird beigebracht, dass alles, was nichts mit dem Islam zu tun hat, verboten ist. Das Kopftuch sei eine religiöse Vorschrift und deshalb sei es ein Symbol der Zugehörigkeit zur Gemeinde der Muslime. Besonders die Mädchen müssen lernen, sich durch die Abwertung der anderen Frauen, die kein Kopftuch tragen, zu definieren. „Wissen Sie, solange man sich noch verhüllt, egal wie, gehört man zur Gruppe“,[36] äußerte Emel Zeynelabidun in einem Pressegespräch. Mit der Gruppe meinte sie vermutlich die Gemeinde der Muslime im Westen.

Mit diesen drastischen Erziehungsmethoden beginnt die geistige Kontrolle der Mädchen. Ihre Selbstfindung und Persönlichkeitsentfaltung wird unterdrückt, eine kritische Reflexion über sich und die eigene kulturelle Identität soll nicht stattfinden, denn der wichtigste Grundsatz ihrer Erziehung lautet: „Gehorsam und Unterwerfung“. Den Mädchen bleibt keine andere Wahl als zu folgen und sich unterzuordnen. Im Vergleich zu den nicht muslimisch sozialisierten Kindern müssen sie „anders“ sein. Sie werden schlichtweg als manipulierbares Objekt der Belehrung und der Kontrolle betrachtet. Die Imame und die Koranlehrer in den Moscheen sind darauf bedacht, dass ein kritisches Bewusstsein und ein Nachdenken über Religion unter den Kindern nicht zustande kommen. Und somit wird der Weg zu einem unüberlegten, nachahmenden Lernen geebnet – die Kinder dürfen nicht fragen, sondern müssen blind glauben. Die Lebenssituation der Kinder außerhalb ihres islamischen Milieus wird völlig ignoriert. Die kulturelle Vielfalt im westlichen Kontext wird als Gefahr für die eigene kulturelle Identität dargestellt und nicht als Bereicherung der eigenen Religion und Identität. Die Verschleierung soll als Schutz vor diesem fremden Einfluss dienen. Es ist kein Wunder, dass die muslimischen Jugendlichen keine Identität als Bürger haben, durch die sie sich als Deutsche betrachten und sich in den westlichen Werten wiedererkennen würden. Die Mehrheit dieser jungen Menschen definiert sich zuerst als Muslim und danach als Bürger der Heimatländer ihrer Eltern.

In erster Linie handelt es sich bei dieser Form der Erziehung um die Stabilisierung einer Kultur des Schweigens. Es findet eine grenzenlose Unterwerfung der Kinder statt, denn sie gelten als beeinflussbare Menschen hinsichtlich ihrer eigenen religiösen Identität. Eine solche domestizierende Religionsunterweisung ist eine deutliche Barriere für die Emanzipation der Kinder in der westlichen Gesellschaft, in der sie leben, und sie schafft Hindernisse für die Integration in die Gesellschaft. Diese Art von Religionsunterricht lässt bei den Kindern Entfremdungsgefühle der Gesellschaft gegenüber entstehen und fördert die Ausgrenzung der muslimischen Kinder als „Ich" von der Mehrheitsgesellschaft der Anderen.[37] Denn sie sind aufs Zuhören beschränkt, sie haben keine eigene Stimme, da sie kontrolliert und abgeschirmt Gehorsam üben. Sie sind die Unsichtbaren, die in verschlossenen Räumen abseits der Männer beten.

Die auf Züchtigung basierende Erziehung kann schematisch folgendermaßen zusammengefasst werden: Die

Moscheen wollen die Eltern bei der religiösen Sozialisation unterstützen und die Eltern betrachten ihrerseits die Moscheen als Erziehungspartner bei der Durchsetzung der Verschleierung. So übernehmen die Moscheen am Wochenende die Rolle der Überwachung der Kinder. Die Gemeinden können sich dabei als wert- und normbildende Kommunikationspartner in Sachen Religion darstellen. Sie setzen die religiöse Sozialisation der Kinder und die Tradierung der Glaubensgrundsätze des Islam außerhalb der Familie fort. Solche Koranschulen führen zur Abschottung der Kinder und sind ein deutliches Hindernis für deren Integration. Sie zielen bewusst darauf ab, den muslimischen Kindern eine idyllische Gegenwelt zu ihrer Situation im Westen zu eröffnen, genauer gesagt: Eine eigene Lebenswelt, die sich durch das Äußere und soziale Praktiken definiert. Der Koranunterricht in den Moscheen ist deshalb nicht dazu geeignet, die Kinder bzw. die Mädchen bei ihrer individuellen Entwicklung innerhalb ihrer eigenen Religion zu unterstützen oder sie bei den Herausforderungen, die im alltäglichen Leben außerhalb ihrer Gemeinde bewältigt werden müssen, konstruktiv zu begleiten.

Die Vertreter der männlichen Herrschaft fühlen sich in diesem System mächtig, da sie die Funktion des Kontrolleurs übernehmen. Sie wollen jeden geistigen und körperlichen Kontakt mit den anderen verhindern. Die Mädchen dürfen nirgendwo hin ohne Begleitung gehen. Eigene Erfahrungen mit unverhüllten Musliminnen oder mit Nichtmusliminnen werden ihnen vorenthalten. Als Argument wird die Bewahrung ihrer kulturellen Identität vorgeschoben, die Verschleierung schützt sie angeblich vor deren Verlust. Bei der männlichen Obrigkeit ist eine gewisse Faszination gegenüber ihrer Überwachungs- und

Kontrollfunktion auszumachen und sie verspürt offenbar Lust, damit weiterzumachen.[38]

Man kann die Überwachung der Frauen mittels Kopftuch auch auf eine andere Weise interpretieren, nämlich als „Kunst des Regierens"[39] einer bestimmten Gruppe in der Gesellschaft. Eine züchtigende Erziehung kommt hierbei zum Einsatz, die über Frauen bzw. Mädchen verfügen und sie lenken will. Die Frauen sollen zu Bediensteten der männlichen Machtstrukturen werden. Regieren bedeutet in diesem Sinne nicht nur über Dinge zu verfügen, sondern auch über Menschen.[40] Die Kontrolle der Frauen ist gleichzusetzen mit einer Übernahme der Verantwortung für diese angeblich hilflosen Wesen, die männliche Führung entscheidet über ihr Leben und Schicksal. Vertieft man diesen Gedanken der Verfügung über andere Menschen, dann ist die männliche Herrschaft verpflichtet, Mädchen mit, aber auch ohne Kopftuch zu schützen. Die Kontrolle beider Gruppen ist notwendig, da sie leicht von Fremden zu beeinflussen sind. Sie sind nicht anders zu behandeln als Dinge, die man besitzt. Solange sie sich verschleiern, wird ihnen ihr Verhalten und Benehmen vorgegeben. Sie dürfen ihre Freundinnen außerhalb der Schule nicht treffen. Am Wochenende in eine Kneipe, ins Kino oder in die Disco zu gehen, wird ihnen verboten. Die Verschleierung regelt die Freizeitgestaltung. Tatsächlich können Mädchen mit Kopftuch nicht tun, was sie wollen. Die Verschleierung soll sie in ihrem Alltag einschränken, damit sie lernen zu verzichten. Dadurch entsteht die Kultur des Verzichtens auf das Leben.

Im Zusammenhang mit der „Kunst des Regierens" verwendet Michel Foucault (1926–1984) die Metapher eines Schiffes. Ein Schiff muss gelenkt werden, deshalb benötigt es einen Kapitän. Dieser trägt die Verantwortung für die Seeleute und die Besatzung. Sein Kommando sorgt dafür, dass es an Bord gut läuft. Auch bei aufziehendem Sturm muss er das Steuern des Schiffes meistern.[41] Übertragen auf die Familie und Gemeinde müssen auch sie durch die Macht der männlichen Herrschaft abgesichert, kontrolliert und am Leben erhalten werden. Genau wie bei einem Schiff mit Ladung, das ohne Zwischenfälle in einem Hafen vor Anker gehen soll, geht es auch bei den Mädchen darum, dass sie ohne schädigende Einflüsse aufwachsen. Sie sind Eigentum der männlichen Herrschaft und dieses muss beschützt werden. Die männliche Herrschaft empfindet jede Art von Freiheit als Konkurrenz. Das Kopftuch behütet die Frauen und schützt sie vor fremden Einflüssen. Jeder Versuch der Selbstbestimmung muss bestraft werden, indem die Überwachung intensiviert wird oder durch Ausüben anderer Zwangsmaßnahmen. Das Regieren der Frauen im Sinne eines Beherrschens hat die Unterdrückung der Frauen zum Ziel. Letztendlich ist das Kopftuch nicht nur ein Instrument zur Unterwerfung der Frauen, sondern auch ein Mittel der Macht, um über sie als Mitglieder der muslimischen Gemeinden zu verfügen. Denn auf diesem Weg kann die Machtausübung der männlichen Herrschaft aufrechterhalten werden.

Eine muslimische Frau darf nur das, was der Konsens der männlichen Herrschaft erlaubt, alles andere gilt als unislamisch. Die muslimischen Frauen im Westen müssen sich durch ihr Äußeres als Einheit ausweisen. Damit wird das Kopftuch zu einer sichtbaren Uniform, durch die sich die Frauen – in Abgrenzung zu den nicht verschleierten Frauen – verbunden fühlen.

Man könnte es in diesem Kontext wagen, zwischen dem Kopftuch als Erscheinungsform einer kulturellen Identität im öffentlichen Raum und den Uniformen des Militärs eine

Verbindung zu ziehen. Sowohl die Soldaten als auch die verschleierten Frauen werden sichtbar und fallen durch ihr Äußeres auf anstatt in der Gesellschaft aufzugehen. Genau wie der Soldat existiert die verschleierte Frau nicht als Individuum, sondern beide sind durch ihre „Uniform" einer Einheit zugeordnet. Beide Gruppen bleiben häufig unter sich und kommen wenig in Kontakt mit anderen. Im Rahmen von intensiven Ausbildungsprozessen wird der Wille des Soldaten als Einzelperson gebrochen. Sein Tun und Handeln muss mit dem der anderen Soldaten seiner Einheit eins sein. Ausnahmen dürfen nicht geduldet werden. Auch in der Erziehung muslimischer Frauen ist Disziplin das oberste Gebot, in ihren Familien und Gemeinden lernen sie, sich grenzenlos zu unterwerfen und den Vorschriften der männlichen Herrschaft zu gehorchen. Die Instruktionen ihrer „Vorgesetzten" müssen zwingend und widerstandslos ausgeführt werden. Diese restriktiven Methoden setzen sich während des Koranunterrichts am Wochenende in den Moscheen der Gemeinden des Westens fort. Der Imam oder der Koranlehrer wird als Lehrmeister angesehen und seine Anweisungen – die auf lückenlose Überwachung und permanente Kontrolle abzielen – sind zu befolgen. In der Erziehungshierarchie sind der Vater, die bereits unterdrückte Mutter, der ältere Bruder und der Imam die Offiziere, deren Befehlen nicht widersprochen werden darf. Die Mädchen und Jungen hingegen sind die Unteroffiziere, die gehorchen und sich unterordnen. Sowohl den Soldaten als auch den verschleierten Frauen kommt letztendlich sogar einen Vorbildrolle zu – etwa gegenüber Unentschlossenen innerhalb einer Militärkarriere auf der einen Seite sowie gegenüber allen Frauen ohne Kopftuch auf der andern Seite.

Die autoritäre Erziehung soll die Kontrolle der Frauen

optimieren. Denn die männliche Herrschaft ist sich der Tatsache bewusst, dass es in ihrem Einflussbereich nur zweierlei Akteure geben kann: diejenigen, die Befehle geben und diejenigen, die ihnen gehorchen. Trotzdem möchten die Männer und ihre Helferinnen nicht als ihre Feinde angesehen werden. Die nicht verschleierten Frauen sollen keine Angst vor den Vertretern der männlichen Herrschaft haben, denn vorgeblich wollen diese nichts anderes als das Beste für sie. Sie sind um ihren Schutz und ihre Sicherheit bemüht. In diesem Zusammenhang könnte man die jemenitisch-schweizerische Politologin Elham Manea zitieren, die für einen liberalen Islam im Westen steht: „Die Kontrolle über die Frau ist jedoch eine der Hauptstrategien des Islamismus in seinem globalen Dominanzanspruch.“[42]

Im Westen werden diese Kontrollmaßnahmen durch weitere Strategien zur Durchsetzung der Verschleierung ergänzt: In den Räumlichkeiten der hiesigen Gemeinden werden religiöse und soziale Treffen mit Vorträgen und Predigten organisiert. Alle Frauen und Mädchen mit oder ohne Kopftuch werden eingeladen. Man will unter sich sein und den muslimischen Mädchen ohne Kopftuch vermitteln, dass sie ein Bestandteil der muslimischen Einheit sind – und dass dies von ihnen das Ausüben ihres Glaubens erfordert, aber auch die Annahme der kollektiven Symbole ihrer kulturellen Identität. Sie sollen selbst spüren, dass sie ohne Kopftuch „anders“ sind, und Minderwertigkeitsgefühle gegenüber sich selbst entwickeln. Die Nichtverschleierung soll durch das Einheitsgefühl überwunden werden: Entweder man ist Muslimin und gehört durch das Kopftuch dazu oder man ist anders und somit keine wahre Muslimin.

Entscheiden sich die Mädchen für das Kopftuchtragen, dann gilt das als Triumph der männlichen Herrschaft, denn durch den Druck der ständigen Kontrolle muss die Unterwerfung vollzogen werden. Wird die Verschleierung abgelehnt, folgen unvermeidbare Strafen. Bei allem geht es darum, dass die soziale und religiöse Stabilität der muslimischen Kultur nicht gefährdet werden darf. Denn sollten die verbale Erpressung und die Disziplinarmaßnahmen eines Tages einmal versagen, dann bestünde die Gefahr, dass die Zahl der Rebellischen zunehmen würde. Und somit würde die Macht der männlichen Herrschaft in Zweifel gezogen. Solch ein Zustand der Unsicherheit darf nicht geduldet werden.

Die Isolation als Strafe

Wenn die Überwachungsmaßnahmen bei der Durchsetzung der Verschleierung nicht greifen, kommen andere Sanktionen zum Einsatz: Die Rede ist von der Isolation der betroffenen Frauen innerhalb der eigenen Familie und Gemeinde. Selbstverständlich wird ihnen in diesen Fällen nicht erlaubt, das Zuhause der Eltern zu verlassen und woanders zu wohnen. Die Kontrolle muss bestehen bleiben und so werden sie ausgegrenzt, während sie weiterhin mit Eltern und Geschwistern unter dem gleichen Dach leben. Stoßen die männlichen Machtinhaber auf Widerstand, dann gilt es diesen zu brechen. Die Isolation haben sie dabei als wirksames Mittel entdeckt, denn sie unterbindet Freiheit und selbstständiges Handeln. Die Infragestellung des Kopftuchs ist für die Machthaber gleichbedeutend mit Zweifeln an ihrer Macht, und in der Isolation sehen sie die richtige Antwort darauf.

Die Isolation ist eine Entlassung in die Einsamkeit. Diese Disziplinarmaßnahme ersetzt die Kommunikation in der

Familie oder Gemeinde durch Schweigen. An dieser Stelle geht die Überwachung in eine Bestrafung über. Die männliche Obrigkeit verleiht ihrem Zorn durch Ausgrenzung Ausdruck. Anderssein und Andersdenken werden als nicht akzeptabel zurückgewiesen. Zu Hause wird das Mädchen von der Familie ignoriert, im Alltag gemieden und keiner will mit ihm sprechen. Auch vom gemeinsamen Essen wird sie ausgeschlossen und muss alleine in ihrem Zimmer essen. Am Anfang wissen die betroffenen Mädchen nicht einmal, worum es geht. Soumia erzählt Folgendes: „Es war eine schmerzhafte Erfahrung für mich. Das Gefühl, von der eigenen Familie abgelehnt zu werden, hat mich seelisch sehr gekränkt. Keiner wollte mir erklären, was der Grund für dieses Verhalten war. Nach einer Woche erst erklärte mir meine Mutter: ‚Das hast du verdient, weil du gegen das Kopftuch bist.'" Zu Hause gilt in solchen Fällen das Gesetz des Schweigens. Verschleierte Verwandte und Freundinnen halten sich ebenfalls daran, denn das Mädchen oder die Frau wird auch in der Öffentlichkeit gemieden. Dadurch wird die Unterscheidung zwischen dem Guten und dem Bösen, zwischen den Schuldigen und den Unschuldigen betont. Die Guten werden belohnt und haben nichts zu befürchten und die Bösen müssen bestraft werden. In diesem Zusammenhang kann man von der muslimischen „Strafgemeinde" sprechen, die im Westen als Sanktionsinstanz fungiert.

Interessanterweise kann das koranische Wort für „Isolation" (*barā'a*) auch mit „Loslassen" übersetzt werden. Das Gegenwort dazu ist der Terminus für „Anschluss" (*walāya*). Das zweite Wort kommt einmal im Koran vor (Koran 18:44) und kann auch als „Freundschaft" übersetzt werden. *barā'a* hingegen taucht zweimal auf (Koran 9:1 und 54:43). Man kann die beiden Begriffe in Bezug auf das Kopftuch verwenden, denn durch das Tragen des Kopftuchs werden die Mädchen als anerkannte Mitglieder der Gemeinde wahrgenommen und respektiert. Wohingegen Mädchen, die dies nicht tun, durch die eigene Familie und die Gemeinde isoliert werden.

Die Isolation soll eine innere Selbstsanktion auslösen. Dadurch wird den Mädchen und Frauen vermittelt, dass sie sich ohne Kopftuch nackt fühlen und sich dafür schämen sollen. Dabei entsteht das Gefühl, dass sie ihre Familie entehren. Die Isolation soll ihnen deutlich die Grenzen des Erlaubten aufzeigen. Widerständige Frauen werden geduldet, aber kaum wahrgenommen. Die Wächter der männlichen Herrschaft ahnden nicht nur gezielt die Ablehnung des Kopftuchs, sondern bestrafen auch die Lust an der Freiheit und Selbstbestimmung. Das Nichttragen des Kopftuchs soll als Anomalie, als Abweichung vom angeblich herrschenden Konsens angesehen werden. Ihr Fehlverhalten wird den Frauen als Aggression gegen die Macht der männlichen Herrschaft ausgelegt. Die Nichtverschleierung wird als Verbrechen verurteilt und ebenso jeder Wunsch nach Selbstbestimmung. Das Begehren der Freiheit muss durch die Isolationsstrafe neutralisiert werden. Andernfalls wäre die Macht der männlichen Herrschaft in Gefahr.

Während der Isolation sitzt die Nichtverschleierte gleichsam jeden Tag aufs Neue auf der Anklagebank. Als selbsternannte Richter fungieren die Bewacher der männlichen Herrschaft, und die Täterinnen sind die Kopftuchverweigerinnen – eine Verteidigung steht den Kopftuchverweigerinnen in diesem Prozess nicht zu. Die Geschworenen sind die eigenen Verwandten sowie die Vertreter der männlichen Obrigkeit. Sie spielen den betroffenen Frauen Mitleid vor, in der Hoffnung, diese von ihrer

Entscheidung abzubringen. Selbstredend kann daraus kein gerechtes Urteil resultieren, denn die Verurteilten dürfen sich zuvor nicht einmal verteidigen. Die Schuld der Frauen besteht darin, dass sie selbst bestimmen wollen, wie sie leben, was sie denken und was sie anziehen – und das ist schlichtweg nicht erlaubt. Denn ihre wichtigste Aufgabe ist es, zu gehorchen und sich zu unterwerfen. Die imaginäre Anklageschrift umfasst auch den Verdacht, dass sie Unruhe in der muslimischen Gemeinde stiften und durch ihren Selbstbestimmungswahn Einfluss auf die anderen ausüben wollen. Und es ist in der Tat so: Die Rebellion gegen die Verschleierung stellt eine Gefahr für die Macht der männlichen Herrschaft dar, denn sie kann ansteckend sein. Beispielhaft hierfür sind die Frauen, die im Dezember 2017 im Iran angefangen haben, gegen das Kopftuch rebellieren. Und es gibt zahlreiche unterdrückte Frauen, die sich mit ihrem Schicksal nicht abfinden wollen und auf Vorbilder und Initiatorinnen warten, die sich, wie sie selbst, nach Freiheit und Selbstbestimmung sehnen. Unter diesem Gesichtspunkt erscheint die Isolation der männlichen Herrschaft als legitime Sanktion. Durch die Abgrenzung bestraft man das Anderssein und Andersdenken. Der Wille zum Aufstand soll gebrochen und jeder Gedanke an Selbstbestimmung im Keim erstickt werden.

Die rebellierenden Frauen erfahren durch die Isolation eine Sonderbehandlung, die sie als gefährliche Menschen stigmatisiert, vor denen man andere schützen muss. Die Ablehnung des Kopftuchs wird als Vergehen angesehen, das bestraft werden muss. Eine Rehabilitierung ist nur durch bedingungslose Unterwerfung möglich, denn mit den Vertretern der männlichen Herrschaft kann man nicht verhandeln. Eine Strafmilderung darf es nicht geben, denn die Bestrafung durch die Isolation ist eigentlich eine Lektion für all die anderen Frauen, die mit dem Gedanken an Widerstand spielen. Die Beschuldigten sollen durch ihre Isolation zur Vernunft gebracht werden, dadurch dass sie ihr Vergehen erkennen und sich dem vorherrschenden Konsens beugen: Das Kopftuch ist eine religiöse Vorschrift.

Durch die Isolation soll die rebellierende Frau von ihrer Umgebung als Täterin wahrgenommen werden. Sie soll in sich gehen und sich fragen, wer sie ist und was sie will. Sie soll sich schuldig fühlen und einsehen, dass sie eine Strafe verdient hat. Die Isolation ist in diesem Zusammenhang gleichbedeutend mit einem Gefängnis im Sinne einer Heilanstalt. Die Haft durch den Ausschluss aus der Familie und der Gesellschaft kann dabei verlängert werden, wenn die Frauen ihren Widerstand nicht aufgeben. Einige Eltern drohen ihren Töchtern sogar damit, sie für immer in ihre Herkunftsländer zu schicken. Hoffnung gibt es für die Frau oder das Mädchen erst, wenn sie den Wunsch nach Selbstbestimmung aufgibt und Reue zeigt. Ein Freispruch kann nur verkündet werden, wenn sie sich für die Verschleierung entscheidet. Trägt sie dann das Kopftuch, setzen die Kontrollmaßnahmen erneut ein – denn es muss überprüft werden, ob sie es ernst gemeint hat.

Die Vertreter der männlichen Herrschaft sind inzwischen so geschickt, dass sie das Urteil der Isolation in einem anderen Licht darstellen. Es handelt sich ihnen zufolge um ein positives und nutzbringendes Erziehungsvorgehen, das allen Betroffenen und besonders der Gemeinde der Muslime dient. Die Einführung in die eigene kulturelle Identität sei selbstverständlich keine Unterdrückung. Letztendlich müssen die sanktionierten Frauen von dem Zwang, anders zu sein, befreit werden.

Die männliche Herrschaft hat kein schlechtes Gewissen und scheut nicht davor zurück, skrupellos zu sein. Die Ausgrenzung der eigenen Töchter wird unter Umständen noch durch öffentliche Denunziation intensiviert, um ihren Widerstand endgültig zu brechen. Mona, die inzwischen ohne Kopftuch lebt, erinnert sich: „Mein Vater fragte den Imam der Moschee und den Vorsitzenden der Gemeinde, was er unternehmen könne, weil ich kein Kopftuch tragen wollte. Dies teilte mir meine Tante mit, die mit der Ehefrau des Imams befreundet ist. Mit der Zeit wussten alle, dass ich eine Gegnerin der Verschleierung bin und sogar viele meiner muslimischen Freundinnen wollten mit mir nichts mehr zu tun haben, da ihre Eltern sie vor mir gewarnt haben.“ Möglicherweise wollte der Vater dieser Rebellin einen persönlichen Vorteil aus seinem Verrat ziehen. Er wollte den Mitgliedern seiner Gemeinde damit beweisen, dass er angesichts des Benehmens seiner Tochter nicht nur hilflos zusieht, sondern seiner Gemeinde die Treue hält. Wichtiger ist allerdings festzuhalten, dass die Denunziation eine mit der Isolation eng verwobenen Straftechnik ist, die zur Durchsetzung der Verschleierung dient.

Die Denunziation ist ein Mittel der kollektiven Isolierung, die den Willen zur Selbstbestimmung unterbinden soll. Die betroffenen Frauen werden von der Öffentlichkeit gesehen und erkannt. Ihre Person und ihr Verhalten geraten ins Scheinwerferlicht. Die über sie verhängte Strafe soll von allen Mitgliedern der Gemeinde und von ihrem Umfeld diskutiert werden. Es muss öffentlich thematisiert werden, dass sie den sozialen Status „die Ungehorsamen“ verdient haben. Letztendlich will die männliche Herrschaft, dass die Strafe zu einer öffentlichen und kollektiven Zeremonie wird. Die Strafe der Isolation wird gefeiert und jeder darf an diesem

Fest teilnehmen. Und die Vertreter der männlichen Herrschaft dürfen die Bestrafung genießen, denn dieser Moment unterstreicht ihre Macht und ihre Autorität, die alle fürchten. Die Sanktion der Isolation ist Abschreckungs- und Druckmittel zugleich. Denn sie stellt eine öffentliche Züchtigung dar, die die Peinlichkeit des Vergehens vor allen demonstriert. Tatsächlich ist sie ein Vergeltungsakt, der jede Frau zum Tragen des Kopftuchs zwingen soll.

Diese Strafmaßnahme unterstreicht: Mit diesen Konsequenzen hat jede zu rechnen, die die Verschleierung ablehnt. Viele Frauen, die Zweifel am Kopftuch hegen, entscheiden sich aus diesem Grund letztlich für die Verschleierung, nur damit sie in Ruhe gelassen werden. Sie glauben, dass sie dadurch der ständigen Kontrolle entgehen und danach machen können, was sie wollen. Dieser Art von öffentlicher Bloßstellung wollen sie in jedem Fall entgehen, denn sie ist auch eine Entehrung der Betroffenen vor den anderen. Vor allem wollen die Vertreter der männlichen Herrschaft den Frauen vor Augen führen, wie weit diese bei ihrer Selbstverwirklichung gehen können und dass sie nicht davor zurückschrecken, die eigenen Kinder zu bestrafen. Ihr Motto lautet dabei: „Du musst gehorchen, koste es, was es wolle. Du bist eine von uns und du musst dich unterwerfen. Solange du aber nicht gehorchst, können wir mit dir machen, was wir wollen." Solch eine Strafe zeigt sehr starke Auswirkungen, denn hierbei handelt es sich um eine öffentliche Erpressung, die auch die seelische Verfassung der Frauen beinträchtigt. Es gibt in muslimischen Gemeinden nichts Schlimmeres als einen öffentlichen Skandal und die damit verbundene Blamage vor den anderen. Die betroffenen Frauen sind dadurch in aller Munde.

Die Vertreter der männlichen Herrschaft müssen nach

außen hin Geschlossenheit demonstrieren und dürfen keine Schwäche durch das Tolerieren der Nichtverschleierung zeigen. Denn ihre Autorität darf durch Ungehorsam nicht in Frage gestellt werden. Die Ablehnung des Kopftuchs macht nach Ansicht dieser Führungspersonen die religiöse Identität im Westen angreifbar und kann sogar ihre eigene Macht schwächen. Besonders im Westen weiß man genau, dass die Einheit der Gemeinde und ihre Symbole wie etwa das Kopftuch die identitätsstiftende Kultur ausmachen und sie verstärken. Diese Kohärenz stellt eine gut durchdachte Taktik der männlichen Herrschaft dar. Nach innen soll Stärke und Macht demonstriert werden und nach außen Einheit und Eintracht. Macht und Einheit beruhen dabei auf der Allianz der Wächter der männlichen Herrschaft. Ihnen obliegt es, aufsässige Frauen durch Isolation von ihrer Familie und Gemeinde auszuschließen. Durch diese Art der Machtausübung werden sogar selbstbewusste Frauen angreifbar.

Tatsächlich gelingt es der männlichen Herrschaft immer wieder, den Willen zum Aufstand durch Kontrolle und Isolation außer Kraft zu setzen. Dabei hat die Obrigkeit auch eine Art „Kunst des Schweigens“ entwickelt: Über Strafmaßnahmen wird so gut wie nicht gesprochen. Mädchen oder Frauen, die in der Öffentlichkeit sagen, dass sie zur Verschleierung gezwungen wurden, gelten als Feindinnen. Ein solches Verhalten wird als Verrat an der eigenen Religion und an der muslimischen Gemeinde gewertet. Viele Frauen, die sich mit dem Kopftuch und mit ihrem Schicksal abgefunden haben, behaupten, dass sie das Kopftuch freiwillig tragen. Damit wollen sie deutlich machen, dass sie keine hilflosen Frauen sind. Die Realität des Verschleierungsprozesses sieht, wie gezeigt, anders aus. Das Aufgeben der Frauen gilt als Wiedergutmachung. Und der Sieg der männlichen Machthaber belegt ihre Überlegenheit den Frauen gegenüber. Sie sind die Hüter der Werte der kulturellen Identität der Muslime und für sie ist es wichtig, ein für alle Mal klarzustellen, wer die Herrscher und wer die Beherrschten sind. Dies bedeutet, dass die Ungleichheit und fehlende Gleichberechtigung zwischen Männern und Frauen ein Gesetz ist, das nicht zu verändern ist. Es muss zeitlos bleiben.

Das mauerlose Gefängnis

Es gibt mutige Mädchen und Frauen, die das Kopftuch trotz der beschriebenen Sanktionen vehement ablehnen. Für sie ist es sehr wichtig, über ihr Äußeres selbst zu bestimmen, da sie Wert auf ihre Freiheit legen. Und dabei riskieren sie einiges. Dies ist wahrlich keine einfache Entscheidung. Ihre Gegner sind auf ihre überzeugte Ablehnung sehr gut vorbereitet. Das Weiterbestehen der männlichen Herrschaft ist auch in der Kreativität begründet, die diese Gegner bei der Entwicklung von Sanktionstechniken und deren Ausführung zeigen. Interessanterweise ist die männliche Obrigkeit sehr anpassungsfähig und agiert im Westen den Umständen entsprechend.

So kann die Furcht der Mädchen und Frauen vor Strafe durchaus noch gesteigert werden, wenn die bisher erwähnten Strafmaßnahmen keine Erfolge erzielen. Was die Sanktionen der ständigen Kontrolle sowie der Isolation gepaart mit Denunziation angeht, so fanden diese immer in der Familie oder in der Gemeinde statt. Man kann den Ort der Strafe jedoch auch verlagern, um damit die erhoffte Unterwerfung und den Gehorsam zu erwirken – nämlich auf das Ausland: Die Töchter werden in die Heimat der Eltern verbannt. Zum

Täterkreis, der dafür verantwortlich zu machen ist, gehören nicht nur die Eltern, sondern zudem die Großeltern und Verwandten im Ausland, denn sie werden nun zu den neuen Bewachern und Vollstreckern dieser Strafe. Es handelt sich dabei um ein heikles Vorhaben, das minutiös im Geheimen von der ganzen Familie im In- und Ausland geplant wird.

Wenn sich die Eltern entscheiden, ihre Tochter in das Heimatland ihrer Vorfahren zu schicken, behandeln sie sie im Grunde genommen wie eine Ware. Sie wird einfach dorthin verfrachtet. Die Verbannungssanktion kann man sogar mit einer Gefängnisstrafe vergleichen, die ohne Mauer vollzogen wird. Im Ausland soll die Strafe abgebüßt werden. Von den Verwandten kennt die betroffene Tochter dort niemanden und sie erscheinen ihr ohnehin nicht als vertrauenswürdig, weil sie die Vollstrecker ihrer Strafe sind. Erwähnt werden muss auch, dass die zweite oder die dritte Generation von Migranten das Land ihrer Eltern nur durch Erzählungen oder durch den Sommerurlaub kennt. Letztendlich fühlen sie sich dort nur als Touristen, da sie mit der Sozialisation der Menschen, mit den Sitten und Gebräuchen nicht vertraut sind. Ihre Heimat ist Deutschland, wo sie geboren und aufgewachsen sind.

Die 25-jährige Salma, die sich bis heute weigert, ein Kopftuch zu tragen, hat Folgendes erlebt: „Nach meinem bestandenen Abitur bin ich mit meiner Familie mit dem Auto nach Marokko gereist, um dort die Sommerferien bei meinen Großeltern zu verbringen. Drei Tage vor unserer Rückkehr stand ich morgens auf und fragte meine Oma nach meinen Eltern und Geschwistern. Mir wurde mitgeteilt, dass sie nach Deutschland zurückgefahren seien und ich erst zurückfliegen dürfe, wenn ich ein Kopftuch trage. Sie hatten sogar meinen Pass mitgenommen."

Das mauerlose Gefängnis im Ausland ist die schwerste Sanktion im Strafarsenal der männlichen Herrschaft. Sie soll rasch zu bedingungsloser Unterwerfung und Gehorsam führen. Man könnte sagen, dass eine derart unmenschliche Strafe eine Art der Freiheitsberaubung gegenüber der eigenen Tochter darstellt. So gesehen muss diese Strafe als psychische Gewalt angesehen werden. Die Eltern lassen ihre eigene Tochter mit dem Einverständnis der Verwandten im Ausland leben, damit sie dort ihre Strafe absitzt. Außer ihren Verwandten kennen die betroffenen Frauen niemanden und sie können sich nicht wehren, da sie allein ohne Freundinnen und Freunde in der Fremde sind. Diese erweiterte Isolierungsmaßnahme entreißt die Frauen willkürlich ihrer Sozialisation im Westen, selbst die deutsche Sprache wird in der alltäglichen Kommunikation obsolet. Denn gesprochen wird nur in der Sprache des Herkunftslandes der Eltern. Ziel ist die Ausgrenzung der „Häftlinge“ sowohl von ihrer deutschen Umgebung als auch von der Außenwelt in ihrem neuen Land. Sie stehen unter lokalem Arrest, denn ohne Begleitung dürfen sie nichts unternehmen und nirgendwo hingehen. Sie werden auf Schritt und Tritt kontrolliert.

Die Einsamkeit in der Fremde, so glauben die Vertreter der männlichen Herrschaft, bedingt eine Rückkehr zu sich selbst und kann den Gesinnungswandel beschleunigen. Die Heimat der Eltern ist ein Ort, wo sie zur Untätigkeit verurteilt sind. Das endlose Warten und die Langweile sollen sie zum Nachdenken bringen. Diese Züchtigungsmethode zielt auf ein Umdenken und auf eine Umerziehung, die die Rebellion der Frauen beenden soll. Sie sind allein und diese drakonische Strafe soll sie zur Vernunft bringen. Sie sollen begreifen, dass ihnen ihr Widerstand bis dato nur Leiden eingebracht hat und seine Fortsetzung zwecklos ist. Die männliche Obrigkeit weckt außerdem gezielt ihr schlechtes Gewissen. Und je einsamer sie sich fühlen, desto schuldiger fühlen sie sich. Sie sollen feststellen, dass ihre Rebellion ein Irrtum ist und daraufhin Reue empfinden.

Diese totale Isolierung durch das mauerlose Gefängnis soll das Gefühl entstehen lassen, dass die betroffenen Frauen sich selbst ausgeliefert sind. Und die Entscheidung für die Beendigung ihrer Strafe liegt allein bei ihnen. Entweder verschleiern sie sich oder ihre Verbannung wird fortgesetzt. Dies bedeutet, dass die Betroffene keine andere Wahl hat, als entweder die Verschleierung und somit die Rückkehr nach Hause in den Westen zu wählen oder die Ablehnung des Kopftuchs und somit die Zeitverlängerung ihrer Verbannung in einem fremden Land.

Das mauerlose Gefängnis bezweckt die Besserung der Frauen. Genauer gesagt handelt es sich bei diesem Vorgehen um eine Umformung von Individuen. Die Frauen werden behandelt, als ob sie kriminell wären. Ihr Vergehen liegt nicht nur darin, dass sie das Kopftuch abgelehnt haben, um frei zu leben, sondern dass sie die Autorität der männlichen Obrigkeit in Frage gestellt haben. Man kann die Verbannung als eine Abschiebung ins Ungewisse betrachten. Sie verleiht der männlichen Herrschaft unbegrenzte Macht über die Existenz der rebellierenden Musliminnen, über die Gegenwart und die Zukunft der betroffenen Frauen. Solch ein unmenschliches Vergehen kann als despotische Disziplinierung angesehen werden. Die Vertreter der männlichen Herrschaft entscheiden sowohl über die Freiheit oder Unfreiheit der Frauen als auch über die Dauer ihrer Abschiebung. Die Botschaft, die das mauerlose Gefängnis aussendet, ist deutlich und sie richtet sich an alle, die von der Verschleierung nicht überzeugt sind oder daran denken, sie abzulehnen.

Das Leidensszenario der eben erwähnten Salma dauerte ein ganzes Jahr. Nach drei Monaten entschied sie sich für das Kopftuch. Jedoch musste sie noch neun Monate im Ausland bleiben, bis geprüft war, ob sie es mit ihrer Meinungsänderung ernst meinte. Erst nach einer einjährigen Isolation durfte sie nach Deutschland zurückkehren. Nach zwei Monaten ihres Strafaufenthalts im Ausland erklärte ihr ihre Tante mütterlicherseits, dass ihr Verhalten nicht normal sei. Sie sei vielleicht vom Teufel besessen. Sie solle mit zu einem Gelehrten kommen, der sie durch den Koran und die Tradition des Propheten heilen könne. Sie sei mitgegangen, jedoch wollte sie nicht allein mit ihm in einem Zimmer bleiben. „Ich habe immer wieder gehört, dass einige Frauen von Gelehrten, die sich als Heiler ausgeben, sexuell belästigt oder missbraucht wurden", so Salma. Die von solchen Männern vorgebrachten Erklärungsmuster sollen den betroffenen Frauen das Gefühl vermitteln, dass sie pathologisch krank sind und geheilt werden müssen. Diese Behandlungsart, zu deren Untermauerung Koranverse zitiert werden, ist sowohl in den muslimischen Ländern als auch in den muslimischen Gemeinden im Westen sehr verbreitet. Sie ist unter dem Begriff „*ruqya*" (Heilung durch die Religion) bekannt.

Nach ihrer Rückkehr aus dem Ausland hat Salma ihre Familie verlassen. Heute lebt sie alleine. Ihr Wille zur Freiheit wurde nicht gebrochen. Alle Betroffenen eint, dass sie nach einer solchen Erfahrung ein ruhiges Leben ohne weiteren Aufruhr führen wollen. Die Verbannung wird auch gegen Frauen angewendet, die den von ihren Eltern ausgesuchten Ehemann ablehnen.

Die symbolische Gewalt

Mit Blick auf die oben behandelten Strafsanktionen lässt sich festhalten, dass die männliche Herrschaft im Westen eine Art „Strafgemeinde“ darstellt, die mit allen Mitteln jeden Freiheitswunsch unterdrücken will. Ihr geht es nicht nur um die Sicherung der kulturellen Identität um jeden Preis, sondern auch um die blinde Unterwerfung der Mitglieder der muslimischen Gemeinde. Sie hat ihr Vorgehen dabei mit der Zeit professionalisiert, indem sie Strafsanktionen gegen die rebellierenden Frauen entworfen und weiterentwickelt hat, um damit alle Gegnerinnen ihrer Macht systematisch zu bestrafen. Eine Strafe führt zur nächsten, wenn es darum geht, die Rebellion der Verschleierungsgegnerinnen zu beenden:

Die intensive Kontrolle der Frauen ist ein erster Einschüchterungsversuch. Bleibt der wirkungslos, beabsichtigt die männliche Herrschaft, den Willen der betroffenen Frauen zur Selbstbestimmung und Selbsterfüllung durch Isolation und Denunziation zu brechen. Die Sanktionen finden ihre Fortsetzung in der besonders radikalen Therapie einer Verbannung der Frauen ins Ausland. Die angeblich besessenen Frauen werden dabei in ein mauerloses Gefängnis verbracht, um sie von ihren unbequemen Wünschen zu befreien. Hauptziel ist die Unterwerfung der Frauen, damit sie anschließend wieder in die Gemeinde der Muslime aufgenommen werden können. Wichtig ist, dass die bestehende Hierarchieordnung mit ihren Herrschaftsverhältnissen nicht in Frage gestellt wird. Die Durchsetzung des Kopftuchs muss reibungslos funktionieren. Die verschleierten Frauen sollen sich unter ihresgleichen aufhalten. Gleichzeitig soll die Entstehung eines gewissen Ghettoglaubens befördert werden sowie eine Parallelgesellschaft, in der Frauen ohne Kopftuch, seien es muslimische oder nichtmuslimische, nichts zu suchen haben.

Aus dem angewendeten Zwang und den Strafmaßnahmen geht eine „symbolische Gewalt"[43] hervor, die den muslimischen Frauen andauerndes Leiden zufügt. Die seelischen Folgen dieses Leidens werden die betroffenen Frauen ihr ganzes Leben lang begleiten. Der Terminus der symbolischen Gewalt wurde von Bourdieu entworfen. Er kann in Bezug auf das Kopftuchphänomen angewendet werden: Solch eine Gewalt manifestiert sich als „gewaltlose Gewalt" und ist dennoch sehr wirkungsvoll. Im Vergleich zur körperlichen Gewalt als „nackter Gewalt" ist sie intensiver und länger andauernd, denn sie hinterlässt unheilbare Spuren im Inneren der betroffenen Frauen – sie leiden unter seelischen Schmerzen, die man nicht messen kann.

Diese Gewalt wirkt stumm und unterschwellig und wird deshalb von den Opfern gar nicht als Gewalt aufgefasst. Die Strafaktionen sorgen dafür, dass die Frauen durch Ablehnung und Ausgrenzung gekränkt werden. Auch die verbale Drohung, dass sie die Strafe Gottes im Jenseits erwarte, ist ein Druckmittel und symbolische Gewalt gegen die muslimischen Mädchen und Frauen. Die Bestrafungen laufen sehr subtil ab. Die Ausführenden sind die eigene Familie und die Mitglieder der eigenen Gemeinde und angeblich wollen sie nur das Beste für die Frauen. Die Täter stellen sich selbst sehr oft als Opfer dar, denn ihre Handlungen sind vorgeblich nur das Ergebnis der Sturheit der Frauen. Dadurch dass sie das Kopftuch ablehnen, tragen sie selbst die Verantwortung dafür, dass sie zur Rechenschaft gezogen werden. Die Vertreter der männlichen Herrschaft sind somit in ihrer eigenen Wahrnehmung keine Täter, sondern diejenigen, die das Interesse der Frauen vertreten und die Einheit der Gemeinde schützen.

Eine Schülerin der vierten Klasse teilte mir mit, dass der Imam den Mädchen während des Koranunterrichts Folgendes erzählt habe: „Das Haar von Frauen, die kein Kopftuch tragen, wird sich im Jenseits in Schlangen verwandeln und die werden die Sünderinnen lebendig auffressen.“ Den Frauen wird also mit der Hölle gedroht, sollten sie das Kopftuch ablegen. Die Mädchen sollen sich unrein fühlen, wenn sie keine Kopfbedeckung tragen, und ständig in Angst und Schrecken versetzt werden. Viele der Mädchen leiden zumeist stumm. Solche verbalen Drohungen beinhalten Aspekte der symbolischen Gewalt, weil sie die Mädchen durch den Hinweis auf den strafenden Gott nicht nur erpressen, sondern unter unermesslichen Druck setzen.

Der Einsatz symbolischer Gewalt führt dazu, dass die Herrschenden ihre Herrschaft mit erstaunlicher Leichtigkeit durchsetzen. Die Obrigkeit stellt sich selbst als eine neutrale Macht dar, obwohl sie das Monopol über die Verwaltung des Frauenkörpers anstrebt. Die Frauen werden dabei bewusst als Sexobjekte dargestellt. Die Unterdrücker wollen ihren weiblichen Untergebenen die Verschleierung um jeden Preis aufzwingen, denn die Frauen sollen in Abhängigkeit von den männlichen Herrschern und deren Symbolen existieren. Die symbolische Gewalt ist ein Instrument der Disziplinierung, das sicherstellt, dass das Kopftuch seine vielfältigen, einschränkenden Aufgaben erfüllen kann: Kein Sport in der Schule, kein Schwimmunterricht und kein Ausgehen mit Freundinnen und Freunden.

Ziel ist es außerdem, die Frau unsichtbar zu machen. Sie soll ihr ganzes Leben lang in diesem Stück Stoff eingeschlossen bleiben. Ihre Ausgrenzung und Abkapselung wird durch die Kleiderordnung gewährleistet. Das Tuch verbirgt nicht nur den Körper, sondern es erinnert ihn auch ständig an die gebotene Unterordnung und an Gehorsam. Während den Jungen und Männern Platz und Freiheit im öffentlichen Raum zusteht, wird die Bewegungsfreiheit der Mädchen und Frauen unterbunden oder eingeschränkt. Durch symbolische Gewalt sollen die muslimischen Frauen an den Punkt gelangen, an dem sie die ihnen zugedachte Lebensform verinnerlichen. Die Einteilung der Gesellschaft in einerseits Frauen als den schwachen Wesen und andererseits Männer als den starken Wesen prägt bis heute die kollektive Identität der islamischen Kultur. Und die Aufgabe des Mannes liegt darin, durch die Verschleierung die Frauen zu beschützen.

Alle verschleierten muslimischen Frauen, inzwischen sogar minderjährige Mädchen, behaupten, dass sie sich freiwillig für das Kopftuch entschieden haben. Die Frage, ob sie durch die Eltern oder durch die Gemeinde dazu gezwungen wurden, wird stets verneint. Selbstverständlich wollen die verschleierten Frauen nicht als hilflos erscheinen. Sie möchten auch nicht in die peinliche Situation versetzt werden, dass andere sie bemitleiden. Es ist jedoch so, dass die Frauen durch dieses Verhalten die Macht ihrer Unterdrücker aufrechterhalten. Die Herrschaftsverhältnisse setzen sich fort, weil sie sich auf die Anerkennung der Beherrschten stützen können.

Die symbolische Gewalt trägt dazu bei, dass die männliche Macht in den muslimischen Gemeinden auf gewisse Weise hypnotisierend zu sein scheint. Sie kann bestimmen, was muslimische Mädchen wann tragen und wie sie leben. Und sie schafft es dabei, die Frauen zu überzeugen, dass sie das Kopftuch aus freien Stücken tragen. Mit der Vorgabe, dass es sich hierbei um eine religiöse Vorschrift handelt, vermeidet sie weitere Fragen. Dies bedeutet auch, dass die unterworfenen Frauen, obwohl sie ihre Selbstbestimmung aufgegeben haben, mit ihrer neuen Situation versöhnt werden. Sie erscheint ihnen sogar als heilig, weil sie durch die Religion legitimiert wird.

Die symbolische Gewalt der männlichen Herrschaft verschleiert das Unterdrückungsmoment, sodass es keiner Rechtfertigung für die Durchsetzung des Kopftuchs bedarf. Es ist eine Art Hypnose wirksam, die die Realität der erzwungenen Verschleierung verzerrt. Und diese Hypnose dient zur Aufrechterhaltung der klassischen Herrschaftsverhältnisse und der Einteilung der Menschen in Beschützte und Beschützer, in Beherrschte und Herrscher. Die Macht der Obrigkeit wird gerade durch diese innere Spannung und Gespaltenheit zwischen den beiden Gruppen gesichert. Durch die Verschleierung gehorchen die muslimischen Frauen freiwillig und wohlwissend akzeptieren sie die Macht ihrer Unterdrücker.

Das Kopftuch stabilisiert Herrschaftsverhältnisse in den muslimischen Gemeinden. Mit der Unterstützung der symbolischen Gewalt entsteht das ewige Weibliche, das schwach ist und das zu beschützen ist. Das Endergebnis ist, dass die muslimischen Frauen in einem stetigen Zustand körperlicher Verunsicherung leben. Die Frau soll lediglich in Abhängigkeit zum Mann existieren. Als verfügbares Objekt hat sie nicht allein die Aufgabe, dem Mann zu dienen und zu gehorchen. Die Vertreter der männlichen Herrschaft erwarten von ihr, sich zu ergeben, sich zu unterwerfen und lebenslang unscheinbar zu bleiben.

4. Das Ende des Kopftuchmythos als koranische Vorschrift

Die 23-jährige Fatema teilt mir in einem Gespräch Folgendes mit: „Je mehr ich mich mit den klassischen und modernen Werken auseinandergesetzt habe, desto deutlicher wurde mir, dass die Kopfbedeckung keine religiöse Vorschrift ist. Sie ist eher ein historisches Produkt der männlichen Dominanz, die durch die bereits unterdrückten Frauen unterstützt wird. Die Frau wird bei den Muslimen auf ein Sexobjekt reduziert, das vor dem Sexualtrieb des Mannes beschützt werden muss. Es gibt keine Gesellschaft in der Welt, die auf vergleichbare Weise wie die islamische Angst vor der freien Frau hat. Ohne Kopfbedeckung fühle ich mich inzwischen freier und selbstbewusster." Der Fall Fatema zeigt hier deutlich auf, dass viele kopftuchtragende Frauen, wenn sie sich mit der Thematik auseinandersetzen, sich durchaus gegen das Kopftuchtragen als religiöse Vorschrift entscheiden. Sie finden sich nicht einfach mit ihrem Schicksal der Unterwerfung ab.

Das Kopftuch – worum handelt es sich nun eigentlich bei diesem Stück Stoff? Ist es eine religiöse Vorschrift oder nicht? Ist die Körperbedeckung ein Symbol der feministischen Selbstbestimmung oder eher ein Symbol der Unterdrückung der Frauen? Viele konservative Gelehrte, die als die Vertreter der männlichen Herrschaft zu betrachten sind, zeigen sich überzeugt, dass das Kopftuch eine islamische Vorschrift ist. Durch die Verschleierung könne man zwischen gläubigen und ungläubigen Frauen, zwischen tugendhaften und schamlosen Frauen unterscheiden.[44] Einer dieser Gelehrten lehnt es vehement ab, dass die Verschleierung als eine Gewohnheit angesehen wird, und er geht sogar so weit, zu behaupten, dass die Verschleierung eine gottesdienstliche Handlung sei.[45] Man könnte fast auf den Gedanken kommen, dass dieser Gelehrte die Verschleierung als eine weitere Säule neben den fünf Säulen des Islam – Glaubensbekenntnis, Verrichten des Gebets, Abgabe der Almosen, Fasten und Pilgerfahrt – etablieren möchte. Dies würde auf eine Erpressung hinauslaufen. Denn jeder, der eine dieser Säulen ablehnt, gilt nicht mehr als Muslim. Er vertritt die Ansicht, dass jeder, der das Kopftuch ablehnt, die Religion des Islam verleugnet. Als angebliche Säule des Islam solle das Kopftuch die Frauen daran hindern, die Sünde der Unzucht zu begehen.[46] Andere konservative Gelehrte betrachten die Verschleierung als eine kollektive Pflicht für alle muslimischen Frauen und jede Ablehnung kommt ihnen zufolge einem Verlassen der islamischen Religionsgemeinschaft gleich.

In denjenigen Versen des Korans, die sich angeblich mit der Kopf- bzw. Körperbedeckung beschäftigen, kommen weder der Kopf noch die Haare vor, ganz zu schweigen von einer Erwähnung des Kopftuchs als religiöser Vorschrift. Deshalb liegt in diesem Zusammenhang kein überzeugender Beweis (*ḥuǧǧa qaṭ'iyya*) vor, sondern es handelt sich hierbei eher um eine Mutmaßung (*ẓann*) seitens der konservativen Gelehrten, die die Verschleierung der Frauen befürworten. Daher hat man es hier eher mit einer hypothetischen Rechtsbestimmung zu tun, die in Zweifel gezogen werden kann. Bei genauem Hinsehen bestätigt sich also die Ansicht, dass das Tragen des Kopftuchs nicht nur keine religiöse Vorschrift ist, sondern dass die Verpflichtung dazu eine Erfindung der Gegner bzw. der Feinde der muslimischen Frauen ist. Jede

Frau und jeder Mann sollte seine eigenen Erfahrungen mit der Religion machen, und den Islam sowie den Glauben auf Basis der Vernunft und der Reflexion entdecken dürfen. Dieses Kapitel möchte den muslimischen Frauen vor Augen führen, dass sie keine Sünde begehen, wenn sie das Kopftuch ablehnen. Im Koran gibt es noch nicht einmal einen Beleg dafür, dass es den Muslimen verboten wäre, frei zu denken. Immer wieder lesen wir im ethischen Koran[47] den Aufruf, dass alle Muslime über ihre Religion und ihr Leben nachdenken sollen. Und dass sie ihre Vernunft dazu nutzen sollen (*tadabbur*, Koran 10:24 und 16:44). Im Koran ist außerdem die Rede von Menschen, die in Sachen Religion „Verstand besitzen" (*ūlū al-albāb*, Koran 3:190 und 38:29). Es ist also durchaus im Sinne des Korans, sich die Frage zu stellen, ob die Verschleierung der Frauen tatsächlich eine religiöse Vorschrift ist.

In der islamischen Rechtslehre (Scharia) wird von Frauen (*an-nisā'*) im Vergleich zu den Männern (*riğāl*) gesprochen. Allerdings werden die Frauen in zwei Gruppen eingeteilt. Unterschieden wird zwischen der Muslimin, die ein Kopftuch trägt, und der Ungläubigen ohne Verschleierung. Unter den muslimischen Frauen wird zudem zwischen zwei Typen von Frauen deutlich differenziert: die „freie Frau" (*al-mar'a al-ḥurra*), die als Muslimin gilt und sich verschleiern soll, und die Sklavin (*al-'amma* oder *al-ğāriya*), die kein Kopftuch tragen soll.

Der angeblich im Koran stehende Begriff der Körperbedeckung sollte von seiner einseitigen Bedeutung als koranischer Vorschrift befreit werden. Im Rahmen einer historisch-kritischen Interpretation kann die tatsächliche Tragweite des Terminus „Kopftuch" im Korankontext freigelegt werden und er kann dadurch auch von seiner historischen Verfremdung befreit werden – nämlich von seiner Deutung als einer zeitlos göttlichen Vorschrift – und außerdem von seiner sprachlichen Missdeutung. Sehr überraschend ist es, dass die Koranverse über den Begriff „Vorhang" durch die konservativen Gelehrten aus ihrem koranischen Kontext gerissen wurden. Die historischen Verkündungszusammenhänge dieser willkürlich selektierten Koranpassagen werden überhaupt nicht beachtet. Darüber hinaus wird auch nicht zwischen dem mekkanischen Koran und dem medinensischen Koran unterschieden.

Aus sprachlicher Sicht bedeutet der Begriff *ḥiǧāb* eine schützende Schranke, die einzelne Objekte trennt. Diese Schranke kann eine Trennungsmauer oder ein Vorhang sein. Im gesamten Koran kommt der Terminus *ḥiǧāb* siebenmal vor, im mekkanischen Koran sechsmal und im medinensischen Koran einmal. Interessanterweise ist dabei nie die Rede vom *ḥiǧāb* im Sinne von Kopftuch, und erst recht nicht im Sinne einer religiösen Vorschrift. Der Begriff taucht zum ersten Mal in Sure 19, Vers 17 auf. Dabei geht es um Maria, die sich von ihren Angehörigen an einen östlichen Ort zurückzog und sich vor ihnen abschirmte. Der Terminus *ḥiǧāb* bedeutet hier also Abschirmung vor den anderen. An anderer Stelle des Korans (38:32) ist die Rede von der Sonne, die sich hinter dem Vorhang (*ḥiǧāb*) bei Dunkelheit verbarg. In einer in Mekka offenbarten Sure namens „Die nächtliche Reise" berichtet der Koran vom Propheten Muḥammad. Wenn dieser seinen Mitmenschen den Koran verkündete, ließ Gott zwischen ihm und denen, die nicht ans Jenseits glaubten, einen unsichtbaren Vorhang (*ḥiǧāb*) entstehen (Koran 17:45). Dieser Abschnitt bezieht sich auf die Unterscheidung zwischen der Gemeinde des Propheten als den Gläubigen und den damaligen Arabern als den Ungläubigen, die seine koranischen Botschaften ablehnten. In einer weiteren Koranstelle geht es ebenfalls um den Terminus *ḥiǧāb* im Sinne einer Trennlinie bzw. Trennwand zwischen dem Propheten und denjenigen Mitmenschen, die die neue Religion nicht annehmen wollen (*ḥiǧāb*) (Koran 41:5). In einer der mekkanischen Koranstellen ist zu lesen, dass es keinem Menschen ansteht, dass Gott mit ihm spricht, es sei denn durch Eingebung oder hinter einem Vorhang (*ḥiǧāb*) (Koran 42:51). In der letzten mekkanischen Sure, in der dieser Begriff auftaucht, ist die Rede von einer Scheidewand (*ḥiǧāb*) zwischen den Paradiesbewohnern und den Höllenbewohnern im Jenseits (Koran 7:46). Im medinensischen Koran kommt dieser Begriff ein einziges Mal vor. Darin wird den Gläubigen mitgeteilt, dass sie die Häuser des Propheten nicht ohne Erlaubnis betreten dürfen. Und wenn sie die Gattinnen des Propheten um etwas bitten, dann sollen sie das hinter einem Vorhang (*ḥiǧāb*) machen (Koran 33:53). Aus diesem Koranvers geht deutlich hervor, dass hier nicht die Ehefrauen der Gläubigen gemeint sind, sondern nur die Ehefrauen des Propheten Muḥammad. Diese Koranstelle verdient eine genaue Analyse, da sie von konservativen Gelehrten als koranische Vorschrift für die Verschleierung der Ehefrauen gewertet wird. Der in diesem Korankontext erwähnte Vorhang dient in erster Linie zum Schutz der Privatsphäre der Ehefrauen des Propheten, und es geht nicht um das Ziehen von Schamgrenzen gegenüber anderen Männern, wie es die konservativen Gelehrten behaupten.[48] Daher darf dieser Vorhang nicht auf die Verschleierung reduziert werden. Darüber hinaus wird dieser Vorhang als Trennwand auf die Ehefrauen des Propheten beschränkt und von den muslimischen Frauen der Prophetengefährten ist dabei nicht die Rede. Eindeutig ist, dass der Terminus (*ḥiǧāb*) im Koran überhaupt nicht

Kopftuch bedeutet, sondern eher Vorhang und Trennwand. In diesem Zusammenhang muss man auch erwähnen, dass der arabische Terminus *tassatur*, der die Verschleierung des Körpers bezeichnet, kein einziges Mal im gesamten Koran auftaucht.

Das Gebot der Kopfbedeckung für die muslimische Frau leiten viele Muslime dennoch aus dem Koran ab. Sie berufen sich auf Sure 33 (Die Gruppen), Vers 59, die chronologisch dreizehnte der in Medina offenbarten Suren:

> „Prophet! Sprich zu deinen Frauen und deinen Töchtern und zu den Frauen der Gläubigen, sie sollen (wenn sie austreten) sich ihr Gewand (über die Brust) ziehen. Es ist dann leichter, dass man sie erkennt und sie daraufhin nicht belästigt werden."[49]

Der nicht-muslimische Islamwissenschaftler Rudi Paret spricht in seiner Übersetzung von einem Gewand, das die Frauen „über ihren Kopf" herunterziehen. Hartmut Bobzin übersetzt die Koranstelle folgendermaßen: „Sie mögen ihre Gewänder über sich schlagen." Bei beiden handelt es sich letztendlich um Übersetzungen, die nichts anderes sind als reine Interpretation und sich auf eine konservative Auslegung des Koran stützen. Sie berufen sich auf die klassische Koranexegese. Fest steht, dass jede Übersetzung nur ein Versuch der sprachlichen Annäherung ist und fast nie den essentiellen Sinn der Ausgangssprache erreicht. Denn sie fixiert nachträglich Meinungen in einem neuen historischen und kulturellen Kontext, wodurch das eigene Verstehen den Originaltext von seiner eigentlichen Sprachwelt in eine andere, fremde versetzt – dies trifft besonders zu, wenn es sich um einen religiösen Text handelt. Selbst eine vorzügliche Übersetzung des Korantextes kommt nicht ohne Interpretationsversuche aus, wodurch nicht nur der Sinngehalt des Textes, sondern auch der intertextuelle Zusammenhang zuweilen verloren geht. Nach Hans-Georg Gadamer (1900–2002) geht beim Akt des Übersetzens einiges vom Originaltext verloren, allerdings werde dabei auch einiges gewonnen, zum Beispiel eine Zunahme an Deutlichkeit und mitunter auch an Eindeutigkeit.[50]

In dieser Sure ist also die Rede von einem – nicht näher definierten – Kleidungsstück, das sich eine Muslimin über ihren Oberkörper legen soll, sodass sie „als Gläubige erkannt und nicht belästigt" wird. Dieser Koranvers spricht sich weder über die genaue Art

> „der belästigungsträchtigen Situation aus, für die die hier gegebene Verhaltensanweisung gelten soll, noch sagt sie, wie genau das Herunterziehen der Gewänder geschehen und was damit verhüllt werden soll. Die Bezeichnung für das herunterzuziehende Kleidungsstück *(al-ǧilbab)* wird in der klassischen islamischen Kommentarliteratur überwiegend als Ausdruck für ein weites umhangartiges Gewand identifiziert, das bei den Alten nur freie Frauen, nicht jedoch Sklavinnen außerhalb des Hauses trugen und das mithin zugleich ein Merkmal ihres sozialen Status war."[51]

Der Korankommentator aṭ-Ṭabarī verweist deutlich auf die Meinungsverschiedenheit der Gelehrten über die Art des Herunterziehens des Gewandes. Einige unter ihnen waren für die Vollverschleierung der Frauen samt ihrem Gesicht. Andere vertraten die Sichtweise, dass sie nur ihren Kopf bedecken sollten. Der muslimische Historiker Ibn Sa'd

(784–845) beschreibt den historischen Kontext der Entstehung dieser Koranstelle. Die muslimischen Frauen wurden von den Männern in der Dunkelheit, als sie ihre Häuser verlassen haben, um ihre Notdurft zu verrichten, belästigt. Sie sollten ihr Gewand über die Brust herunterziehen, damit sie als freie Frauen von den Sklavinnen unterscheidbar waren, und die Männer sie erkennen konnten. Hätten sie ein Kopftuch in der Dunkelheit getragen, hätte man sie bestimmt nicht erkannt. Es wird auch berichtet, dass die Sklavinnen in der damaligen Zeit ihren Oberkörper nicht bedeckten. Laut den muslimischen Quellen bedeckten sie sich vom Nabel bis zum Knie.

Konservative Gelehrte berufen sich auch auf Sure 24 (Licht), Vers 31, um ihre männliche Dominanz zu legitimieren. Hierbei handelt es sich um die als 15. in Medina offenbarte Sure:

> „Und sage den gläubigen Frauen, sie sollen ihre Blicke senken und ihr Schamteil [Vulva] bewahren und ihren Schmuck (*zīna*) nicht zeigen, bis auf das, was ohnehin zu sehen ist, und dass sie sich ihren Schal (*ḫimar*) um den Schlitz [des Kleides] ziehen und den Schmuck, den sie tragen, niemanden offen zeigen, außer ihrem Mann, ihrem Vater, ihrem Schwiegervater, ihren Söhnen, ihren Stiefsöhnen […] ihren Sklavinnen und männlichen Bediensteten […].“

Aṭ-Ṭabarī ist der Auffassung, dass mit *zīna* Schmuck gemeint ist. Andere Gelehrte sprechen über das Gesicht als Schmuck der Frau. Allerdings wird hier sprachlich zwischen *zīna* und *ğamāl* (Schönheit) nicht unterschieden. Daher differenzieren einige muslimische Gelehrte zwischen der verborgenen Schönheit als den Schamteilen des Körpers und der sichtbaren Schönheit (*zīna*) in Form von Schmuck. Beide sind zu bedecken. Aṭ-Ṭabarī meint, dass *ḫimar* die Bedeckung der Haare und des Halses meint. Al-Qurṭubī (1214 –1272) verweist darauf, dass das erwähnte Ziehen des Schals (*ḫimar*) nur heißen soll, den Schlitz des Kleides im Sinne des Ausschnitts über der Brust (*ṣadr*) zu bedecken. Hierbei ist zu bemerken, dass der Koran eindeutiger in seinen Äußerungen ist, als es die Korankommentatoren sind. Denn der Koran spricht nicht von einer Haar- bzw. Kopfbedeckung, sondern von der Brust im Sinne von Dekolleté. Dies bedeutet auch, dass der Hals nicht bedeckt wird. Interessanterweise erlaubt Gott das Zeigen und sichtbare Tragen von Schmuck in einer Sure des mekkanischen Koran (Koran 7:31–32).

Der syrische Islamreformer Shahrur vertritt die Sichtweise, dass der arabischen Dichtung vorislamischer Zeit zufolge die Frauenbekleidung aus einem langen und weiten, hemdartigen Kleid bestand, bei dem vorn vom Halsausschnitt aus ein offener Schlitz in Richtung Taille nach unten reichte – ein Schlitz also, der, wäre er nicht zusätzlich bedeckt worden, bei bestimmten Bewegungen oder Körperhaltungen den Brustbereich der Frau hätte sichtbar werden lassen. Vor diesem Hintergrund bedeutet die Aufforderung des Koranverses also, die Frauen sollten die Enden des Schleiertuchs, des ḫimar, so über den Schlitz ihres Kleides schlagen, dass die Möglichkeit aufreizender Einblicke in ihr Dekolleté mit Sicherheit unterbunden war.[52] Festzuhalten bleibt, dass der Imperativ des Korans an dieser Stelle nicht lautet, die Frauen sollten ihren Kopf mit dem *ḫimar* bedecken, sondern vielmehr, sie sollten den Schlitz ihres Kleides und damit ihr Dekolleté bedecken. Und somit kann man sagen, dass das Kopftuch als politisch-kulturelles Symbol eher nach der Zeit des Propheten Bedeutung erlangte. Es sollte die Frauen vor den begehrenden Blicken der Männer schützen. Mit der Zeit wurde die Verschleierung zu einem normativen gesellschaftlichen Brauch, der durch die Missdeutung der oben erwähnten Koranstellen von konservativen Gelehrten legitimiert wurde.

Dennoch folgern traditionsgebundene Religionsgelehrte aus dieser Stelle bis heute übereinstimmend, dass durch das gebotene Verhüllen des Brustschlitzes des Kleides mittels des *ḫimar* gleichzeitig auch das Tragen des Kopftuchs zur Pflicht wird. Von einzelnen namentlich bekannten frühen Autoritäten sind Erklärungen bezüglich dieser Koranstelle überliefert, die erkennen lassen, dass unter dem Schmuck, von dem hier die Rede ist, zunächst nur am Körper getragene Schmuckstücke verstanden wurden. Dennoch setzte sich unter islamischen Gelehrten die Einschätzung durch, dass das Haar der Frau zu ihrem Schmuck zu rechnen sei, der für einen fremden Mann nicht sichtbar sein dürfe. Sieht man sich jedoch die beiden Korantexte genauer an, die hauptsächlich zur Begründung des Kopftuchgebots für die Frau herangezogen werden, so zeigt sich, dass keiner von ihnen die Verschleierung explizit vorschreibt. Der Koran spricht deutlich von der Brust als Körperteil, das zu bedecken ist, und weder vom Kopf noch vom Rest des Körpers ist die Rede. Somit ist das Kopftuch tatsächlich keine koranische Vorschrift. Angebliche Aussagen des Propheten, die das Kopftuch als religiöse Vorschrift ausweisen, betrachte ich eher als eine Erfindung der Gelehrten als Vertreter der männlichen Herrschaft. Wenn man ihre Exegese mit dem Wortlaut des Koran vergleicht, so erscheint ihre Einschätzung erklärungsbedürftig. Offenbar dachten sie sich irgendwelche

Aussagen des Propheten aus, um ihren Herrschaftsanspruch gegenüber den Frauen zu untermauern.

So zitieren konservative Gelehrte immer wieder jene koranische Stelle aus der mekkanischen Periode, um das Tragen des Kopftuchs als religiöse Vorschrift zu legitimieren – und dies, obwohl sie doch wohl wissen, dass es hier um eine andere Bedeutung geht:

> „Ihr Kinder Adams! Wir haben Kleidung auf euch herabgesandt, dass sie eure Blöße bedeckt, und Federn. Doch das Kleid der Gottesfurcht, das ist besser." (Koran 7:26)

Hier ist zuerst nicht die Rede von den Frauen, sondern von Frauen und Männern als Nachkommen Adams. Dieser Vers ist nicht von den vorherigen und darauffolgenden Versen zu trennen. Die Verse 19 bis 27 bilden ein einheitliches Thema. Hierbei geht um den Aufenthalt Adams und seiner Gemahlin im Paradiesgarten und ihre Vertreibung aus dem Paradies nach der Verführung durch den Satan (Koran 7:27). Vers 26 von Sure 26 weist deutlich darauf hin, dass Gott die Kleidung geschaffen hat, um die Geschlechtsteile des Menschen zu bedecken. Ein Bezug auf die Verschleierung der Frauen ist überhaupt nicht vorhanden. Wichtiger ist es, den letzten Teil dieses Verses in Betracht zu ziehen. Der Koran betont hier, dass die Gottesfurcht des Menschen im Diesseits im Vergleich zur Körperbedeckung das bessere und wichtigere Verhalten ist. Dies bedeutet, dass es Gott nicht darauf ankommt, wie die Menschen die Schamteile ihres Körpers bedecken, sondern ob sie sich an seine Gebote und Verbote halten.

Die Kopfbedeckung bzw. die Verschleierung der Frauen ist ein historisches Produkt, das sich die muslimischen

Gelehrten später nach dem Tod des Propheten mühsam zurechtgebastelt haben. Um die Überlegenheit des Mannes und die weitgehende Kontrolle der Frauen noch zu intensivieren, missbrauchten die Rechtsgelehrten sogar die Koranverse zum Thema Körperbedeckung. Daraus ist der Status der Frau ohne Kopftuch als Symbol der Sünde entstanden. Mit dem Ziel, ihre Körper zu beherrschen, hat man die Frau in ihrem Wesen zum Gegenstand des Erlaubten und Unerlaubten gemacht. Die Behauptung einiger angeblich feministischer Frauen, dass das Kopftuch ein Zeichen von Progressivität sei, ist ein schlimmer Irrtum. Denn hierbei geht es um eine Geschlechtersegregation, durch die Frauen auf ein Sexobjekt reduziert und entmenschlicht werden.

5. Aufklären statt Verschleiern

Der katholische Gemeindepfarrer Wolfgang Sedlmeier hielt an einem Sonntag im Mai 2018 in der Aalener Marienkirche die Pfingstmesse ab. Nach seiner Predigt setzte er ein Kopftuch auf, wie es muslimische Frauen tun, und trat damit an den Altar. Bundesweit sorgte er damit für Schlagzeilen. Er wollte so das Verhalten einer AfD-Politikerin kritisieren, die sich in herablassender und menschenverachtender Weise über Kopftuchträgerinnen geäußert hatte.

Selbstverständlich hat keiner das Recht, Menschen wegen ihres Glaubens, ihrer Hautfarbe oder ihres Äußeren zu benachteiligen oder herabzusetzen. Wer Frauen wegen ihrer Kopfbedeckung diskriminiert, verstößt gegen die Menschenwürde. In seinen Äußerungen bezeichnete Sedlmeier die Verschleierung jedoch als eine religiöse Vorschrift. Die Musliminnen würden aus Glaubensgründen das Kopftuch tragen. Anscheinend ist dem katholischen Pfarrer nicht bewusst, dass die Kopfbedeckung ein historisches Produkt der männlichen Herrschaft ist und auf die Unterwerfung der Frauen abzielt. Viele Muslime sind ebenfalls der Ansicht, dass Kopftuch sei ein Symbol des politischen Islam. Mit seinem Auftritt wollte sich Sedlmeier von den Äußerungen rechtspopulistischer Politiker distanzieren, gleichzeitig akzeptierte er dabei aber das Kopftuch als gesellschaftliche Norm. Durch seine Aktion fiel er so sämtlichen muslimischen Frauen, die in den muslimischen Ländern und im Westen gegen den Zwang der Verschleierung kämpfen, in den Rücken. In Ländern wie Saudi-Arabien, Afghanistan sowie im Iran kämpfen Frauen um das blanke Überleben – sie haben sogar mit Schwierigkeiten zu rechnen, wenn sie ein Kopftuch tragen, aber dabei ihre Haare zu sehen sind. Das Kopftuch ist ein Symbol der Unterdrückung und diese Tatsache darf zusammen mit den damit verbundenen Repressionen nicht verschwiegen werden. Über diesbezügliche Protestaktionen seitens der Vertreter der christlichen Kirchen würden sich mit Sicherheit viele der Frauen freuen, die im Iran im Gefängnis sitzen, nur weil sie öffentlich ihr Kopftuch abgelegt haben.

Zahlreiche Linksliberale und Feministinnen im Westen nehmen seit einigen Jahren für sich in Anspruch, die Vertreter der Wahrheit und der Gerechtigkeit zu sein. Sie betrachten sich als die einzig wahren Beschützer der Minderheiten und als Repräsentanten der Schwachen. Und so verteidigen sie auch die kopftuchtragenden Frauen. Die Begründung lautet auch hier: Die Verschleierung sei eine religiöse Pflicht. Die Musliminnen sollen sich angeblich freiwillig dafür entschieden haben. Inzwischen sind die Gegner der Aufklärungsarbeit bezüglich der Verschleierung nicht nur unter konservativen Muslimen zu finden, sondern auch unter Linksliberalen und Feministinnen. Während jegliche Kritik am Christentum für sie mit Religionskritik gleichzusetzen ist, legen sie jegliche differenzierte und sachliche Selbst- und Islamkritik als Islamophobie aus, die angeblich die Muslime auszugrenzen und zu diffamieren versucht. In diesem Punkt haben sie lediglich dann recht, wenn es um die nicht differenzierte Islamkritik rechter Gruppierungen geht. Die liberalen Muslime jedoch gehen sachlich und differenziert vor. Sie kritisieren nicht ihre eigene Kultur, weil sie sie etwa hassen oder ablehnen würden. Sie möchten sie lediglich auf Grundlage der kritischen Vernunft und gemäß der heutigen

Zeit reformieren. Einige westliche Feministinnen engagieren sich demgegenüber inzwischen stark für das Recht der muslimischen Frau auf Verhüllung.

Die US-amerikanische Feministin Judith Butler, die Vordenkerin der Gender-Bewegung, vertritt hingegen in ihrem Artikel „Krieg und Affekt" die Meinung, dass die Burka symbolisiert, dass eine Muslimin bescheiden und dadurch mit ihrer Familie verbunden ist. Ihrer Meinung nach werden die Musliminnen durch die Vollverschleierung nicht ausgebeutet, sondern diese manifestiere im Gegenteil ihren Stolz auf Familie und Gemeinde. Solch eine Aussage könnte auch aus dem Mund eines Theoretikers des Islamismus stammen. Diese Ansicht redet am eigentlichen Problem der Unterwerfung der Frauen durch die Verschleierung vorbei. Eine überzeugende Antwort auf solche unhaltbaren Thesen formuliert der slowenische Philosoph Slavoj Žižek: Er bescheinigte derart denkenden Linksliberalen und Feministinnen, dass sie unter „pathologischer Angst" leiden. Denn sie bevorzugen es, Frauen mit Kopftuch zu unterstützen, anstatt den politischen Islam mit seinen kulturellen Symbolen zu kritisieren und dadurch möglicherweise als islamophob stigmatisiert zu werden. Sie legitimieren die Verschleierung, indem sie diese als religiöse Vorschrift und das Kopftuch als eine Art modisches Accessoire im öffentlichen Raum begreifen. Letzteres wird dann sogar als Ausdruck der Emanzipation betrachtet. Interessanterweise setzen sie sich für die Befreiung der westlichen Frauen ein, lehnen jedoch die Befreiung der muslimischen Frau vom Joch der Unterwerfung durch die Verschleierung ab – so als ob die Freiheit und die Selbstbestimmung zwar das höchste Gut wären, aber nur den westlichen Frauen vorherbestimmt. Sie deuten die Verschleierung als eine Selbstverständlichkeit. Hierbei wird durcheinandergebracht, dass die kopftuchtragenden muslimischen Frauen zuerst Opfer der männlichen Herrschaft und erst dann Opfer der Ausgrenzung durch politisch am rechten Rand stehende Gruppen sind.

Man sollte sich vor Augen führen, dass eine solche Einstellung nicht nur einen Verrat an humanistischen Werten wie der Freiheit des Individuums, Selbstbestimmung, Meinungsverschiedenheit und Meinungsfreiheit bedeutet, sondern auch einen Verrat an den muslimischen Frauenrechtlerinnen in der ganzen Welt, die gegen das Kopftuch als politisches Symbol des konservativen Islam und als Maßnahme der Unterwerfung kämpfen. Dabei riskieren sie sogar ihr eigenes Leben. Ein solcher Feminismus und eine solche Haltung linksliberal eingestellter Menschen ist keine Hilfe für all diejenigen Muslime, die es wagen, öffentlich vor den Gefahren des politischen Islam zu warnen und theologische Reformen für die Freiheit von muslimischen Frauen zu fordern.

Feministinnen und Linksliberale schweigen sich größtenteils zum Schicksal jener muslimischen Frauen aus, die auf ihrem Recht beharren, sich nicht zu verschleiern oder das Kopftuch abzulegen. Muslimische Frauen, die Wert auf Selbstbestimmung und Freiheit legen, werden in ihren Überlegungen schlicht vergessen, und auch diejenigen Frauen, die sich unter Zwang verschleiern, scheinen die beiden Gruppen nicht im Geringsten zu interessieren. Und somit werden die veralteten Grundsätze der Linksliberalen zu einer Ideologie, die der Realität nicht mehr entspricht. Die heutige Sinnkrise des Islam, hervorgerufen durch die Verschleierung als historisches Produkt der männlichen Herrschaft sowie die Anwendung von Gewalt durch aktivistische Islamisten gegen Andersdenkende und Andersgläubige, kann nicht durch das Mitleid von Idealisten gelöst werden. Die aktuellen Kontroversen können nur durch sachliche und differenzierte Kritik auf der Basis der reflektierenden Vernunft geklärt und somit bewältigt werden. Die Absicht, verschleierte Frauen als eine hilflose Minderheit im Westen schützen zu wollen, kann als geschwätziges Unterfangen disqualifiziert werden. Diese Gruppe westlicher Intellektueller, denen die muslimische Sozialisation im Westen fremd ist und bleibt, ist durch sachliche und differenzierte Islamdebatten unter Druck geraten. Die Linksliberalen sollten allmählich zu der Überzeugung gelangen, dass die schweigende Mehrheit der Muslime im Westen gar keine Anwälte braucht. Denn diese Muslime, die ihren Glauben als Privatsache betrachten, sind in der Lage, sich ein klares und sachliches Bild über ihre eigene Religion zu bilden. Und sie alle sind, seien es liberale Frauen oder Männer, Vertreter einer reflektierenden Selbst- und Islamkritik.

Der Beschützerinstinkt der Linksliberalen vermischt sich mit einem reduzierten Menschenbild von hilflosen Opfern. Angehörige von Minderheiten, wie etwa die muslimischen Frauen unterschiedlicher Nationalitäten, werden nicht als Individuen betrachtet, sondern auf ihre religiöse Identität als Musliminnen reduziert. Während Rechtspopulisten in ihrer Islamkritik die Furcht vor dem Fremden und der Hass auf das Anderssein bewegt, sind die Linken vom Wunsch beseelt, die Schwachen zu beschützen.

Bei vielen verbirgt sich dahinter ein intensives Gerechtigkeitsempfinden und der Wunsch nach Wiedergutmachung gegenüber Minderheiten. Die Ursachen hierfür mögen unter anderem in einem tief verankerten, kollektiven Schuldgefühl aufgrund der vergangenen kolonialen Herrschaft des Westens und seiner imperialen Politik liegen. Man will bewusst besonders tolerant gegenüber den vom Westen

Benachteiligten sein. Selbstverständlich ist das eine vornehme Haltung, jedoch bestärkt es die Musliminnen im Beibehalten ihrer gewohnten Opferrolle und löst unbewusst einen Minderwertigkeitskomplex bei ihnen aus. Die Musliminnen erscheinen so als die hilflosen und schwachen Beschützten, die linken und linksliberalen Gruppierungen werden zu ihren starken Beschützern. Die Beschützer sprechen den Beschützten jegliche Art von Selbstverantwortung ab, wodurch ihre Selbstentfaltung und Selbstverwirklichung nicht gefördert, sondern verhindert wird. Hingegen unterstützen die selbsternannten Beschützer bei vielen Muslimen eine Bequemlichkeit, insofern jede Selbst- und Islamkritik abgelehnt wird.

Die Sorge um sich selbst wird dadurch nicht nur vom politischen Islam, sondern auch von vielen Linken und Feministinnen herabgesetzt. Durch den Beschützerdrang solcher Linksliberaler werden jedwede Probleme in den islamischen Gemeinden verdrängt. Mit Verweis auf die Muslime als eine Minderheit im Westen führen sie eine ständige „Bevormundung von oben" an und begründen dadurch Zensurinstanzen, die die Aufklärung des Islam und dessen Reform verhindern. Man kann in diesem Zusammenhang von „weichen Linken" sprechen, die die Dynamik der veränderten Realität nicht wahrnehmen wollen. Den Anschluss an die aktuellen Debatten zum Thema Islam und die Muslime haben sie verloren. Während die islamische Ideologie einem dynamischen Wandlungsprozess unterliegt, blieb die Ideologie der Linksliberalen einfach stehen. Der Humanismus der Linken ist in Bezug auf den Schutz der Musliminnen und Muslime nicht fruchtbar, da er sie zu passiven Menschen macht. Die Musliminnen und die Muslime haben heute die Aufgabe, sich endgültig von dem Schutz der Linksliberalen loszusagen. Denn diese Vorgehensweise ist lähmend und hindernd, sie blockiert jede Reform des Islam.

Nur durch Aufklärungsarbeit und eine Islamreform können die Probleme der Disziplinargemeinschaft der Muslime sachlich und differenziert aufgezeigt und analysiert werden. Unter Aufklärung verstehe ich in diesem Zusammenhang auch die bewusste und kritische Selbsthinterfragung und die Aufarbeitung der Geschichte der Unterwerfung der Frauen, die durch die kanonischen Quellen des Islam angeblich legitimiert wird. Denn dies würde den selbst gewählten Beginn eines Befreiungsprozesses darstellen. Die Befreiung aus der männlichen Herrschaft wäre die grundlegende Voraussetzung, damit die Frauen selbst definieren, was Freiheit und Selbsterfüllung für sie bedeutet. Und es wäre der erste Schritt auf dem Weg, auf dem die Musliminnen und Muslime nicht länger andere bestimmen lassen, wie sie leben, wie sie denken und was sie anziehen.

Eine 33-jährige Psychologin aus Tunesien erzählte mir: „Täglich warnen die Mütter und die Väter das Mädchen: ‚Ziehe deine Kleidung vor keinem aus! Keiner darf deinen Körper sehen, besonders nicht von unten. Fasse deinen Körper nicht mit der Hand im unteren Bereich an, damit du dich nicht verletzt. Wenn du sitzt, dann musst du unbedingt deine Füße zusammenhalten.‘ Selbstverständlich wird das Mädchen dadurch das Vertrauen zu sich und zu seiner Umwelt verlieren. Mit der Zeit wird sie seelisch zugrunde gehen und sie wird jenen Tag verfluchen, an dem sie als Frau zur Welt kam. Allmählich wird sie sich selbst vor dem eigenen Körper und vor jedem fürchten, der sich ihm nähert. Den Frauen bleibt kein anderer Ausweg, als das Kopftuch zu tragen und dabei zu glauben, dass sie sich freiwillig dafür entschieden haben. Und dies ist schlicht eine unbewusste Reaktion, über die nicht gründlich nachgedacht wird. Andere kopftuchtragende Frauen rächen sich an der männlichen Gesellschaft und das Kopftuch hindert sie nicht daran, heimlich ihr eigenes freies Leben zu führen. Der beste Schutz einer solchen doppelten Moral ist die Körperbedeckung."

Diese Äußerungen verdeutlichen, dass es sich bei dieser Art von Erziehung nicht um Aufklärung handelt, sondern um eine Erziehung der Angst vor dem eigenen Körper und vor den anderen. Mit der Zeit wird das betroffene Mädchen zum Feind seiner selbst, denn es verliert dadurch das naturgegebene Selbstvertrauen. Die schwarz-weiße Pädagogik, die es zu Hause erfährt, setzt sich in der Moschee und in der Koranschule, in der der Unterdrückungsdiskurs der männlichen Herrschaft ebenfalls bestens vertreten ist, fort. Der Mainstream einer konservativen Auffassung des Islam setzt auf die althergebrachten Strukturen und leistet bei der Überzeugung hinsichtlich der Körperbedeckung der Frauen hervorragende Arbeit. Es wird das Bild eines rachsüchtigen, strafenden und bösen Gottes gezeichnet, das ergänzt wird durch die im Jenseits zu erwartenden Schreckensszenarien. All dies zielt bewusst darauf ab, die Mädchen in religiöser und persönlicher Hinsicht nicht mündig werden zu lassen. Das individuelle, freie Denken und das Relativieren von Riten und religiösen Ansichten wird durch diese Angstsymptomatik unterdrückt.

Was dabei allerdings außer Acht gelassen wird, ist, dass Gott kein Tyrann ist, der sehnsüchtig darauf wartet, die Menschen oder die Frauen ohne Kopftuch im Jenseits zu bestrafen. Gott steht im Gegenteil für Liebe, Barmherzigkeit und Gnade. Die drei Grundlagen des ethischen Islam lauten: „Gott vergibt euch alle eure Sünden." (Koran 39:53). Die Liebe Gottes zu seinen Menschen ist unendlich, denn seine

Barmherzigkeit „kennt keine Grenzen“ (Koran 7:156). Die Vergebung Gottes ist nicht von seiner Liebe zu den Menschen zu trennen, denn er liebt seine Menschen und vergibt ihnen ihre Schuld (Koran 3:31).

Das Thema des Kopftuchs als nach außen hin demonstrierte Religiosität ruft ein großes Medienecho hervor und erreicht eine beträchtliche Aufmerksamkeit, obwohl es häufig negativ dargestellt wird. Das Befremdliche scheint also eine besondere Faszination auszuüben. Dies ist zum Beispiel an einem Beitrag mit dem Titel „Ich setze mit dem Kopftuch ein feministisches Zeichen“ abzulesen. Vier in Deutschland lebende muslimische Frauen werden darin zu ihrer Entscheidung und zu ihren Erfahrungen mit dem Kopftuch befragt.[53] Eine der Frauen ist Konvertitin, eine ist arabischer Abstammung und die beiden anderen sind türkischer Abstammung. Alle diese Frauen, die zwischen 20 und 28 Jahren alt sind, stimmen darin überein, dass die Körperbedeckung eine koranische Vorschrift ist. Außerdem äußern sie die Überzeugung, dass die Verschleierung zu ihrem Glauben gehört und sie durch sie Gott einen Dienst erweisen. Als feministisches und emanzipatorisches Zeichen verleihe es den vier Frauen Selbstbewusstsein und bestärkte sie in ihrer Selbstbestimmung. Die meisten muslimischen Frauen würden sich in erster Linie aus Liebe zu ihrem Schöpfer verschleiern, weil sie ihm somit Gehorsam und Respekt erweisen und sein Wohlgefallen erlangen wollen. Möglicherweise werden hier Gott und der Mann als Vertreter der männlichen Herrschaft verwechselt. Denn es existiert keine religiöse Vorschrift für die Verschleierung, vielleicht möchten sie also nur den Männern einen Gefallen erweisen. Die in dem Artikel befragten Frauen wollen den Leser freilich glauben machen, dass sie sich ent-sexualisiert in der Öffentlichkeit präsentieren.

Doch auch mit Kopftuch sind sie nicht anders als die nicht verschleierten Frauen. Ein solches Vorhaben kann gar nicht gelingen. Es wäre eine Illusion, denn gerade durch die bewusste Verhüllung ist das Thema Sexualität dauerpräsent, das Kopftuch betont die Sexualität in der Öffentlichkeit sogar noch nachdrücklich. Die Verhüllung lenkt darüber hinaus die Aufmerksamkeit gerade auf das Verhüllte.

Es könnte sich als Irrtum erweisen, das Kopftuch nur als ein Kleidungsstück aufzufassen – es ist eine Uniform mit politischen Inhalten. Diese zu wählen, ist hierbei keine bewusste Entscheidung, sondern die unbewusste Annahme der Unterdrückung durch die männliche Herrschaft als solche. Letztendlich geht es um einen Zustand der Unmündigkeit, bei dem sich die Abwesenheit des individuellen Räsonierens und der Gehorsam gegenüber der Männerwelt bestens ergänzen. Feminismus ist genau das Gegenteil von vorgegebenem Denken bzw. von bestehenden Dogmen – steht Feminismus doch für Freiheit, Unabhängigkeit und Emanzipation. Genauer gesagt: Die Basis des Feminismus ist die Gleichstellung und Gleichberechtigung der Frauen, gleiche Rechte sowie geistige und körperliche Freiheit sollen dabei für alle gelten. Das Kopftuch ist genau das Gegenteil.

Man könnte auch mit dem Kopftuch ein „feministisches Zeichen“ setzen. Dies ist allerdings nur dann möglich, wenn gesellschaftlich garantiert ist, dass es ohne Zwang getragen wird und ohne soziale Ausgrenzung jederzeit abgelegt werden kann. Viele der befragten verschleierten Frauen in muslimischen Ländern würden gerne das Kopftuch ablegen. Die Studentin Asma aus Ägypten berichtete mir, dass sie und einige ihrer Freundinnen ein freies Leben ohne Körperbedeckung führen möchten. Aber sie haben Angst vor dem Gerede der Mitmenschen und der Ausgrenzung in der Gesellschaft.

„Die Furcht ist groß, dass ich dann keinen Ehemann finde“, so Asma. Ihre Freundin Touria wollte kein Kopftuch mehr tragen. Als ihre Familie und Freundinnen das mitbekamen, wurde sie als Atheistin beschuldigt. Die Universität hätte sie verdorben. Ihr Vater und ihr älterer Bruder drohten ihr damit, dass sie künftig zu Hause bleiben werde, wenn sie das Kopftuch ablege.

Die Kopfbedeckung ist inzwischen zu einer Art religiös-politischer Institution geworden, durch welche die Frauen zur muslimischen Gemeinde gehören, in der Frauen ohne Kopftuch wertlos sind. Deshalb ist es ein Zwang, innerhalb dessen es keine freie Entscheidung geben kann. Auch die 32-jährige Hagar aus Algerien hat sich vor zehn Jahren für das Tragen des Kopftuchs entschieden. Die letzten vier Jahre habe sie sich ausführlich mit der Thematik durch das Lesen verschiedener Werke auseinandergesetzt und sei zu dem Entschluss gekommen, dass es überhaupt keine religiöse Vorschrift sei. „Ich fragte meinen Ehemann, ob ich das Kopftuch ablegen könne. Er lehnte es vehement ab und drohte sogar mit Scheidung. Er sagte mir, dass seine Familie, die Freunde und Nachbarn über mich und ihn schlecht reden werden. Ich habe viele Probleme bekommen. Ich wurde beleidigt und sogar geschlagen. Inzwischen darf ich nicht mehr arbeiten. Mein Ehemann betrachtet nichtverschleierte Frauen als Huren. Ich hoffe, dass ich irgendwann mein äußerliches Gefängnis verlassen kann, denn ich ersticke seelisch.“

Die männliche Autorität bevollmächtigt sich nicht nur der Kontrolle des weiblichen Körpers, sondern trägt zur Sexualisierung ihres Äußeren bei. Die angeblichen Schambereiche des Körpers, wie etwa die Haare, müssen bedeckt werden. Dadurch wird der Körper zu einer Tabuzone, die nicht gesehen und nicht berührt werden darf. Hierbei werden Moral bzw. Religiosität und Sexualität miteinander vermischt, um so die Deutungshoheit des Mannes mit dem Ziel der Bevormundung der Frauen zu intensivieren. Zu Beherrschung des Körpers und seiner Kontrolle durch den Schleier als Symbol der Abkapselung der Frauen tritt ein religiöser Diskurs im Sinne einer Missdeutung des Korans. Dieser ist nicht interessiert an der Erkenntnis, dass die koranischen Verordnungen der medinensischen Epoche einem bestimmten historisch-politischen Kontext zuzuordnen sind und deshalb nur eine begrenzte, temporäre Gültigkeit im siebten Jahrhundert besaßen. Was die Verschleierungsthematik betrifft, so hat Muhammad als Staatsmann diesbezüglich einer irdischen Gemeinde in Medina (622–632) situationsbedingte Koranstellen verkündet, die in ihrem historischen Wirkungskontext zu begreifen sind. Der muslimische Religionsdiskurs der verschiedensten Richtungen war im Laufe seiner Geschichte darum bemüht, zu diesem Thema überzeugende Antworten aus den kanonischen Quellen des Islam herauszulesen, auch wenn diese gar nicht vorhanden sind. Die Durchsetzung des Kopftuchs im Alltag der Menschen wird durch seine für alle sichtbare Symbolik zu einer essentiellen Grundlage für die Deutungshoheit der männlichen Autorität. Hierbei werden besonders im westlichen Umfeld die kulturellen Argumente im Zusammenhang mit der Auslegung von Religionsidentität, Menschenrechten und Religionsfreiheit vom männlichen Establishment missbraucht.

Selbstverständlich kann das Kopftuch auf den ersten Blick als geeignet erscheinen, den verschleierten Frauen eine sinnstiftende Identität zu verleihen. Dann allerdings wird deutlich, dass es ein Symbol der Abgrenzung von anderen Frauen bzw. von der eigenen Umwelt darstellt. Das alles funktioniert meines Erachtens gemäß dem „Stockholm-

Syndrom", einem psychologischen Phänomen, bei welchem die Opfer von Geiselnahmen ein positives Verhältnis zu ihren Entführern aufbauen. Viele schleiertragende Frauen haben sich dem männerdominierten, frauenverachtenden System längst untergeordnet und machen sich dabei zu Komplizinnen des traditionellen Islam. Sie identifizieren sich mit den Tätern als den Vertretern der männlichen Dominanz und setzen sich selbst für eine Aufrechterhaltung dieses sie unterwerfenden Moralsystems ein. Den Betroffenen bringt dies zumindest in der muslimischen Gemeinschaft etwas Ähnliches wie „Anerkennung" ein, sogar als Frau. Diese konservativen Frauen erziehen ihre Töchter zu Dienstmägden, die den Männern zu gehorchen haben, und nicht zu Menschen, die frei sein können. Ihre Söhne erziehen sie hingegen zu Tyrannen, die später wiederum ihre Frauen als minderwertige, dienende Wesen betrachten. Diese werden zu Sklavinnen abgerichtet, die unter permanentem Zwang leben, den Mann zufriedenzustellen, während die Männer selbst oft nicht einmal ein Minimum an Treue, Ehrlichkeit und Anstand aufbringen. Diese Mütter als perfekte Hüterinnen der männlichen Herrschaft übernehmen selbst eine herausragende Rolle bei der Unterdrückung ihrer Töchter, indem sie sie angeblich sittenkonform und mit Zwang zu untergeordneten, „guten" Musliminnen erziehen. Solche Mütter, die sich mit ihrem Schicksal als unterdrückte Frauen abgefunden haben, gehen sogar so weit, ihr eigenes Fleisch und Blut diesem archaischen System zu opfern und selbst Bestrafungen ihrer Töchter anzuregen sowie die Zwangsverschleierung oder eine Zwangsheirat zu befürworten. Genauer gesagt: Innerhalb des Wahn- und Ordnungssystems eines orthodox-politischen Islam sind Frauen Täter und Opfer zugleich – Opfer deshalb, weil sie selbst das Produkt der

Unterwerfung sind. Kopftuchträgerinnen werden aber auch zu Täterinnen und durchlaufen dabei eine Karriere als Aufpasserinnen der noch nicht kopftuchtragenden Frauen. Sie steigen so in der Hierarchie auf und geben ihren unbewussten Selbsthass, den sie wegen ihrer scheinbar freiwilligen Unterordnung verspüren, an die noch nicht Unterworfenen weiter.

Das Kopftuch ist ein ungemein sexuelles Symbol, durch das die männliche Herrschaft mit der Unterstützung der unterworfenen Frauen die freie Sexualität verhindern will. Damit bekommt die Sexualität einen Stellenwert, den man schon fast mit Besessenheit vergleichen kann. Die Frauen werden als Sexobjekt und die Männer als quasi-triebhafte Tiere betrachtet, vor denen die Frauen unbedingt zu schützen sind.

Die Sexualität ist omnipräsent durch die bewusste Verhüllung, denn das Kopftuch betont sie mit Nachdruck nach außen hin. Der Status der Frauen wird durch das Äußere politisiert. Daraus ergibt sich, dass die Frau zu beschützen ist und sie sich selbst vor ihrem Feind, dem Mann, in Acht nimmt. Sie kann durch seine begehrende Blicke oder durch seine Nähe in Versuchung geraten. Sie kann ihn auch durch ihren unverhüllten Körper verführen.

Das Stück Stoff steht nicht für Reinheit und ist kein Zeichen der ehrenhaften Frau. Denn muslimische Frauen ohne Kopftuch sind genauso viel wert wie jede andere nicht verschleierte Frau. Deshalb dürfen die Frauen von niemandem nach ihrem Äußeren beurteilt werden. Außerdem ist das Kopftuch nicht dazu geeignet, die sexuelle Veranlagung einer Frau unter Kontrolle zu bringen. Denn die Sexualität eines Menschen ist durch die Verschleierung nicht zu regulieren und schon gar nicht zu unterdrücken. Eine 28-jährige Grundschullehrerin mit türkischem Migrationshintergrund legte im Alter von 25 Jahren aus freien Stücken den Schleier ab. Sie teilte mir folgende Erfahrung mit: „Die verschleierte Frau hat nicht weniger sexuelle Bedürfnisse und verspürt nicht weniger Begehren als Frauen, die kein Kopftuch tragen. Im Gegenteil, das Kopftuch als eine Selbstgeißelung kann das Verlangen nach Sexualität wegen unterdrückter Gefühlen steigern. Solch ein politisches Symbol ist kein Hindernis für das Begehren." Ihre konservative Familie hatte nach ihrer Entscheidung jahrelang den Kontakt zu ihr abgebrochen. Außer Frage steht, dass eine Kopftuchträgerin nicht besser ist als andere Frauen oder Menschen. Sicher ist aber auch, dass viele Kopftuchträgerinnen sich im Vergleich zu anderen Frauen als etwas Besseres betrachten, denn sie fühlen sich durch ihr verhülltes Äußeres geschützt und dadurch stark im Vergleich zu den anderen Frauen ohne Verschleierung. Dabei lautet das Motto also: „Ich Muslimin mit Kopftuch gegen den Rest der Frauen." Das wichtigste Kriterium ist allerdings das respektvolle Handeln gegenüber den Mitmenschen und nicht, was die Frau als Muslimin anhat. Denn das ist das Verbindende zwischen Menschen jeglicher Couleur und nicht das Äußere, das die Menschen voneinander trennt.

Sehr aufschlussreich ist das Statement der oben erwähnten Grundschullehrerin, denn sie verweist deutlich auf die seelischen Spuren, die bei den Kopftuchträgerinnen entstehen können und als sichtbare Merkmale ihre Verfasstheit bestimmen. Denn die Sexualität als etwas Verbotenes bleibt verführerisch. Schon am ersten Tagen der Verschleierung wird eine Dynamik des Verdrängens als Abwehrmechanismus in Gang gesetzt, wodurch allmählich Gefühlsäußerungen verlernt werden. Unangenehme Gefühle wie Scham, Hilflosigkeit, Schuld und Ablehnung werden absichtlich unterdrückt. Auch Themen, die das eigene Geschlecht und die Sexualität betreffen, werden tabuisiert. Denn darüber offen zu reden oder Sexualität gar zu praktizieren, kann negative Konsequenzen mit sich bringen. Die Gefühle bleiben dennoch bestehen.

Die 22-jährige Nada, die als Französischlehrerin in einem sunnitischen Gymnasium in Beirut tätig ist, hat vor drei Jahren das Kopftuch aus freier Entscheidung und trotz des Widerspruchs ihrer Familie abgelegt. Sie war 14 Jahre alt und mitten in der Pubertät, als ihr Vater starb. Während der Trauerfeiern hielten einige Frauen für andere Frauen Predigten über den Tod und die Bedeutung des Schleiers. Aus Angst vor dem Tod entschied Nada sich für das Tragen des Kopftuchs. Nachts jedoch weinte sie heimlich, weil sie über ihre Entscheidung unglücklich war. Viele der verschleierten Frauen sind Meisterinnen der Selbstkontrolle. Sie unterdrücken ihre Gefühle ebenso wie ihre eigene Persönlichkeit. Das Leben wird von den Kopftuchträgerinnen als ständige Versuchung empfunden, dessen Intensität sie nicht genießen dürfen. Schöne Gefühle, wie Freundschaft, Liebe und der Genuss von Partnerschaft und Sexualität, bekommen damit keinen Raum im Leben solcher Frauen. Daher ist es keine Wunder, dass diese Gefühle unterdrückt werden. Mit der Zeit entsteht eine gewisse soziale Isolation als Lebenssituation. Die unbeschreibliche Macht des Kopftuches als gesellschaftliches und politisches Instrument führt zu einer Dynamik des Verdrängens, wodurch das Leben weniger lebenswert wird. Das Ich wird einfach ausgeschaltet und die Kopftuchträgerinnen werden zu Künstlerinnen der Anpassung.

6. Die Sorge um sich selbst

Bereits 2015 bilanzierte Emel Zeynelabidin in einem Zeitungsinterview: „Die Argumente für die Verhüllung der Frau sind unlogisch. (...) Ich sage immer: Das Kopftuch ist eine Schande für den Islam, und das Kopftuchverbot ist eine Schande für die Demokratie. Das Tuch ist eine Schande für den Islam, weil der Islam mehr ist als ein Stück Stoff, das zu einem grotesken Politikum geworden ist."[54]

Die Frauen, die das Kopftuch aufgrund ihrer eigenen Erfahrungen vehement ablehnen, sind sich der Tatsache bewusst, dass die Verschleierung der Kontrolle und Zähmung durch die männliche Obrigkeit dient und gleichzeitig der Vermittlung einer Ideologie des politischen Islam. Ihr Wunsch nach Selbstbestimmung und Individualität ist groß. Es muss ein Denkprozess über die Grundlagen der Verhüllungsvorschrift, eine islamische Selbstreflexion auf Grundlage der kritischen Vernunft vollzogen werden. Ein solcher würde zu dem Ergebnis führen, dass die Verhüllung der Frauen keine religiöse Vorschrift ist. Außerdem würde man feststellen, dass die Argumente der männlichen Herrschaft unlogisch sind und nur darauf abzielen, die Frauen unter ihre Kontrolle zu bringen und zu beherrschen. Durch jede Art von Bedeckungsvorschrift bemächtigen sich die Männer und die bereits unterdrückten Frauen des Körpers der Frauen, um ihnen die Freiheit zu rauben und über sie letztendlich zu bestimmen: Welche Verpflichtungen sie haben, was verboten und erlaubt ist, wird ihnen genauestens vorgegeben. In diesem Zusammenhang kann man sogar von der Aufhebung der Selbstbestimmung und der Rechte der muslimischen Frauen sprechen. Sie dürfen nicht tragen, was sie wollen, nicht denken, wie sie wollen, und sich nicht verhalten, wie es ihnen vorschwebt. Das Kopftuch ist entmachtend. Es soll nicht nur den Körper treffen, sondern auch die Seele und den Geist. Denn es geht insgesamt mehr darum, die Seele der Frauen dadurch zu beschädigen, dass sie denken, sie seien hilflose Wesen, die sich unbedingt vor den anderen unverschleierten Frauen, den Männern und dem Einfluss der westlichen Kultur schützen müssen. Eine ständige Atmosphäre der Angst soll unter allen muslimischen Frauen, ob mit Kopftuch oder ohne, verbreitet werden. Die Furcht soll auf Herz und Seele schlagen und das Denken, den Willen, die Persönlichkeitsmerkmale bestimmen.

Der Zwang zum Kopftuchtragen negiert nicht nur die Freiheit der Frauen, sondern trägt dazu bei, dass sie auf sich selbst verzichten. Durch die Unterwerfung und Verschleierung kann das Selbst der betroffenen Frauen nicht zufriedengestellt werden, sondern es gerät in eine fremde Rolle, indem es zum Vertreter der männlichen Herrschaft wird. Dadurch wird die Sorge um sich selbst durch die Sorge um die anderen ersetzt. Frei zu sein, zu leben und für sich zu entscheiden, ist kein Verbrechen, sondern eine selbstbewusste Lebensweise. Daher ist die Ablehnung des Kopftuchs nichts anderes als eine Weigerung, sich anderen zu unterwerfen. Die Sorge um die anderen als blinde Hingabe kann gefährlich sein, denn sie entmachtet die eigene Persönlichkeit und hindert sie an ihrer Entfaltung. Deshalb kann die Verschleierung als eine Selbstaufopferung betrachtet werden – Selbstverwirklichung und Selbsterfüllung als Ideale unserer Zeit werden dabei vergessen und verdrängt.

Unter den Muslimen herrscht der Konsens, dass der Islam „Frieden“ bedeutet. Auch einer der 99 Namen Gottes lautet *salām*, der Friede.[55] Der Terminus Islam stammt vom Verb *aslama* im Sinne von „sich ergeben und sich hingeben“. Muslimin bzw. Muslim bedeutet daher „die/der sich Ergebende“. Der Koran erklärt, was diese Hingabe bedeutet: „Wer sich Gott ergibt und dabei rechtschaffen ist, dem steht bei seinem Herrn ein Lohn zu.“ (Koran 2:112) An anderer Stelle ist Folgendes zu lesen: „Euer Gott ist ein einziger Gott, ihm müsst ihr euch ergeben.“ (Koran 22:34)

In der Theorie klingt das alles sehr schön und sogar vertretbar. Aber die gelebte Realität des Islam sieht bei vielen Muslimen anders aus. Im Namen dieser Religion werden seit Jahren Gewalttaten und Massaker überall in der Welt verübt. Die muslimischen Täter berufen sich auf den politisch-juristischen Koran und das politische Handeln des Propheten Muhammad, um ihre Gewalt gegenüber anderen Menschen zu legitimieren. Die individuelle Hingabe als eine private Beziehung zwischen Gott und dem Einzelnen ist zu einem Sich-Hingeben an die Maßgaben eines politischen Islam geworden. Auch das Kopftuch als Zwang kann als eine blinde Hingabe im Sinne einer Unterwerfung verstanden werden, und der politische Islam strebt die schonungslose Re-Islamisierung der hier geborenen Musliminnen durch das Kopftuch an. Aus der göttlichen Hingabe ist eine blinde Hingabe gegenüber Vertretern des politischen Islam geworden, die die männliche Herrschaft in der islamischen Welt und in den muslimischen Gemeinden im Westen durchsetzen wollen. Und die muslimischen Gelehrten der männlichen Obrigkeit haben sich dabei selbst zur vermittelnden Instanz zwischen Gott und den Menschen ermächtigt. Nur ihr Wort bzw. ihre Deutungshoheit zählt, alles andere gilt als unglaubwürdig.

Gott zu dienen und sich seinem Willen zu ergeben, bedeutet nicht, dass der Mensch sich selbst vergessen muss. Sorge für sich selbst zu tragen, bedeutet nicht, dass die Musliminnen und die Muslime gegen Gott sind oder dass sie die Religion pauschal ablehnen würden. Die muslimischen Gelehrten haben im Laufe der Jahrhunderte einen solchen ethischen Lebensgrundsatz schlicht vergessen. Sie waren nur darum bemüht, das Leben der Muslime zu organisieren und durch Instruktionen ihre Denkweise zu diktieren. Und dadurch trat die Kollektivität an die Stelle der Individualität. Deshalb muss der Sorge für sich selbst als individueller Lebensform der Weg in die kollektive Identität der Muslime geebnet werden. Sorge für sich selbst zu tragen, wurde im Laufe der Jahrhunderte durch die Sorge um den politischen Islam ersetzt, und dies geschah durch die Durchsetzung seiner Symbole, wie etwa der Verschleierung. Ein Sich-selbst-Aufmerksamkeit-Zuwenden hat der muslimische Diskurs somit schlicht vergessen. Genauer gesagt lautete die Devise: Kollektivität versus Individualität. Selbsterkenntnis ist selbstverständlich eine Voraussetzung, wenn es darum geht, sich um sich selbst zu kümmern. Die Musliminnen müssen lernen, sich mit sich selbst, mit der eigenen Religion und mit der Geschichte des Islam zu beschäftigen und dadurch ihre kulturelle Identität reflektierend und nicht nachahmend zu definieren. Denn die Sorge um sich selbst ist eine Lebensform, eine friedliche Beziehung zu sich selbst und zu anderen Menschen. Nur so werden die Muslime in der Lage sein, sich selbst und die anderen Menschen wahrzunehmen und zu respektieren.

Ein wesentliches Merkmal der patriarchalen Gesellschaftsordnung besteht darin, vor allem die muslimischen Frauen dazu zu bringen, auf sich selbst zu verzichten. Sie sollen im Interesse ihrer Familie und Gemeinde denken und handeln. Nur wenn sie ihr Selbst beiseitelassen, lassen sich die Einheit der muslimischen Gemeinde und ihr Weiterbestehen gewährleisten. Daher kann die Verschleierung nicht nur als Verzicht auf den eigenen Lebensweg begriffen werden, sondern auch als eine Selbstaufgabe. Die Sorge um sich selbst muss daher als Ethik etabliert werden, um Selbstverwirklichung und Selbsterfüllung möglich werden zu lassen. Dabei geht es auch um die Entfaltung der eigenen Persönlichkeit. Die Sorge um sich selbst bedeutet nichts anderes, als sich um sich selbst zu kümmern. Diese Umkehr zu sich selbst durch das Kümmern um sich selbst bedeutet selbstverständlich nicht die Loslösung von der eigenen Familie und der eigenen Gemeinde. Soll heißen: Wer sich selbst nicht aus dem Blick verliert, reißt sich damit nicht von seiner Lebenswelt los und auch nicht von den anderen Muslimen.

Die Sorge um sich selbst ist vielmehr als Verwirklichung der individuellen Freiheit zu verstehen und als Autonomie des Selbst. Das bedeutet, dass die Musliminnen auch sich selbst, ihren Wünschen und Bedürfnissen Aufmerksamkeit schenken dürfen. Für sich selbst Sorge zu tragen, impliziert „das sich selbst Erkennen“.[56] Denn es ist letztendlich Selbsterkenntnis gefordert, damit die Frauen wissen, wer sie sind und was sie wollen – denn jeder Mensch träumt davon, frei zu sein. Fremde Einflüsse und durch andere diktierte Bestimmungen dürfen dabei keine Rolle spielen. Es bedeutet nicht, dass eine Muslimin, die sich selbst erkannt hat und kein Kopftuch trägt, keine „wahre Muslimin“ ist. Denn der Glaube hat nichts mit Äußerlichkeiten zu tun, sondern damit, sich zu respektieren und im Interesse und Wohl der anderen zu handeln. Und eine Frau ohne Verschleierung braucht sich auch nicht zu schämen oder Schuldgefühle zu haben, auch wenn die männliche Herrschaft sie nicht als „wahre Muslimin" betrachtet. Selbstverständlich ist eine Frau ohne Kopftuch auch eine Muslimin, und ihr Glaube geht keinen etwas an. Der Islam als eine individuelle Beziehung zwischen Gott und dem Einzelnen ist somit eine Privatangelegenheit. Gott braucht für seine Religion keine männliche Herrschaft als „Testamentsvollstrecker". Keine selbsternannte Autorität darf Gottes Interessen auf der Erde vertreten und in seinem Namen zu den Musliminnen sprechen. Die persönliche Beziehung des Individuums zu seinem Gott muss immer im Mittelpunkt stehen. Dazu braucht die moderne Muslimin keine religiösen Rezepte für die Verschleierung, denn sie ist in der Lage, von ihrer Vernunft Gebrauch zu machen. Sie muss nur den Mut haben, sich von dieser Vernunft leiten zu lassen. Sie selbst kann den Islam verstehen und die Antworten auf ihre Fragen finden.

Als Muslimin frei zu sein, ohne Kopftuch zu leben und den eigenen Weg zu gehen, ist kein Verbrechen, das zu bestrafen wäre. Die Disziplinarmaßnahmen der Strafgemeinden können im Gegenteil sogar dazu führen, dass die Familien ihre Töchter verlieren. Die Sorge um sich selbst ist ein ethisches Prinzip, das mit Ehrlichkeit zu sich selbst und Klarheit über sich selbst beginnt. Diese Grundprinzipien können dazu beitragen, dass die Musliminnen selbstbewusster und mutiger werden.

Die Sorge der verschleierten Frau um sich selbst beginnt außerdem damit, dass sie die männliche Herrschaft in Frage stellt. Sie wird sich deren Gefahren bewusst, dass nämlich diese tyrannische Macht über ihren Körper und ihren Geist verfügen will. Diese will bestimmen, wie sie denkt, was sie anzieht und mit wem sie verkehrt, um sie zu kontrollieren und sie in ihrer Freiheit einzugrenzen. Auf diese Weise kann die Frau feststellen, dass die männliche Herrschaft ihre Sorge um sich selbst unterbunden und sie aus ihrem natürlichen Gleichgewicht gebracht hat, um damit zu erreichen, dass sie sich ohne Kopftuch hilflos fühlt. Die muslimische Frau kann sich durch die Sorge um sich selbst wieder mit sich versöhnen und ihre wahre Natur als freier Mensch durch die Reflexion anhand der kritischen Vernunft wiederentdecken. Dieser bewusste Umgang mit sich selbst hilft ihr, ein positives Verhältnis zu sich selbst aufzubauen.

In diesen Zusammenhang passen die Erlebnisse der selbstbewussten Hafsa: „Inzwischen fühle ich mich sehr glücklich ohne Kopftuch. Nach meiner zehnjährigen Erfahrung mit dem Kopftuch denke ich jetzt manchmal, dass ich der glücklichste Mensch auf der Welt bin. Ich fühle mich ohne Verschleierung als wertvoller Mensch. Ich konnte mich gegen meine Familie durchsetzen, die mit der Zeit nachgegeben hat.“ Zweifellos wird die männliche Herrschaft Widerstand leisten, denn sie will nicht nur herrschen, sondern sich auch Gehorsam verschaffen. Sie wird um ihre eigene Macht kämpfen. Sie wird sogar versuchen, bestehende und neu hinzukommende Machtstrukturen zu fördern, etwa die Ablehnung einer Begrüßung mit Handschlag oder die Geschlechtertrennung in Schwimmbädern. Würde dieser Kontrollmechanismus zerbrechen, dann würden die sozialen Strukturen der konservativen muslimischen Gemeinden im Westen zerbrechen. Deshalb bauen die Gemeinden ihre Kontrollstrukturen im Rahmen einer Pädagogik der Unterwerfung auf. Hierfür werden nicht nur Koranunterricht, Pilgerfahrten für Jugendliche nach Mekka und Medina in Saudi-Arabien und Erziehungscamps im den Ferien organisiert.

Doch die Lebenswelt muslimischer Mädchen und Jugendlicher im Westen wird immer mannigfaltiger und der Einfluss der Bildung und Sozialisation außerhalb der Familie und Gemeinde darf nicht unterschätzt werden. Solch ein Aspekt verändert nicht ihr Leben und führt dazu, dass viele Töchter heute nicht mehr unter dem Zwang der Disziplin stehen wollen. Dadurch sind Generationskonflikte in den muslimischen Gemeinden programmiert. Eltern und die Wortführer der muslimischen Gemeinden müssen entsprechend endlich über eine aufgeklärte Erziehung ohne disziplinarischen Zwang nachdenken. Die muslimischen Gemeinden und ihre Mitglieder, seien es Frauen oder Männer, können nicht isoliert von den Werten der westlichen Kultur und ihren humanistischen Grundsätzen leben

7. Der Sieg der kritischen Vernunft

„Der erste Schritt für die Freiheit ist das Ablegen des Kopftuchs und die Aufhebung seiner Spuren."

Qāsim Amīn, im Jahre 1900

Inzwischen sind die Diskussionen über den Islam und die kulturellen Symbole des politischen Islam, wie etwa das Kopftuch, durch Emotionen aufgeheizt. Die Sorge der Menschen in der Mehrheitsgesellschaft ist verständlich, denn es geht ihnen um die Bewahrung der eigenen kulturellen Identität. Deshalb wollen die Menschen nicht nur in geographischem Sinne die Grenzen dicht machen, sondern auch ihre westliche Kultur öffentlich vertreten. Solche Debatten werden durch sogenannte Angst-Fachleute intensiviert, wie etwa durch Thilo Sarrazin, der 2010 sein Buch *Deutschland schafft sich ab* veröffentlichte. Innerhalb solcher Publikationen werden die Europäer zu Opfern gemacht. Dementsprechend sind die Muslime die Täter, die den Westen islamisieren wollen. Solche Abwehrreaktionen teilen die Menschen in „Wir", die Europäer, und „die Anderen", die Muslime, ein, und jede dieser beiden Gruppen definiert die andere durch ihre Abwertung.

Die seit Jahrhunderten andauernde Sinnkrise des Islam wird langsam zu einer Krise des Westens. Und diese Krise ist eine importierte Krise. Inzwischen wissen die Menschen in der Mehrheitsgesellschaft zwar nicht, wie sie mit der Kultur des Anderen umgehen sollen, aber sie haben ein Bewusstsein entwickelt, wie sie zu ihren westlichen Werten stehen.

Die Furcht vor dem politischen Islam und seinen kulturellen Symbolen bestärkt sie im Festhalten an ihrer „Leitkultur“[57]. Die Muslime fühlen sich dadurch hingegen ausgeschlossen, gekränkt und erniedrigt. Ironischerweise hat der muslimische Politikwissenschaftler Bassam Tibi den Begriff der Leitkultur in die Debatten über den Islam eingeführt. Viele muslimische Frauen in der ganzen Welt interessiert diese Einteilung der Menschen in zwei Gruppen allerdings nicht im Geringsten. Diesen Frauen geht es nicht um den Gegensatz „Wir gegen sie“, sondern nur um die eigene Freiheit und Selbstbestimmung. Auf eine Debatte über das „Wir“ in Bezug auf die Anderen legen sie überhaupt keinen Wert. Denn sie sind der Überzeugung, dass die humanistischen Werte für alle Menschen gelten. Und solche Werte kennen keine geographischen Grenzen. Sie kämpfen gegen die Zwangsverschleierung und sie riskieren dabei unter anderen Umständen ihr eigenes Leben. Sie sind der Überzeugung, dass die Verschleierung ein Relikt der vormodernen und patriarchalischen Epoche der männlichen Herrschaft ist. Nicht selten werden sie von liberalen Muslimen unterstützt. Zu diesen Frauen gehören jene, die seit Ende Dezember 2017 im Iran gegen das Kopftuch kämpfen.

Nach fast 40 Jahren islamistischer Unterdrückung wagten es diese Iranerinnen, öffentlich gegen den Schleierzwang zu protestieren. Diese Frauen sind inzwischen unter den Begriffen „Mädchen der Revolutionsstraße“ oder „White Wednesday“-Bewegung in der ganzen Welt bekannt. Todesmutig rebellieren einzelne Frauen immer wieder gegen den Gottesstaat und seine politischen Symbole der Frauenunterwerfung. Ihr Aufstand richtet sich gegen die Entrechtung der Frauen durch den Schleierzwang und gegen eine männliche Herrschaft, die von den Haaren der Frauen besessen zu sein scheint. Es ist ein kultureller Aufstand der Töchter gegen die Generation ihrer Eltern, die sich mit der Unterdrückung durch ein despotisches Herrschaftssystem abgefunden haben. Von einer solchen Rebellion sind die muslimischen Frauen im Westen meilenweit entfernt, denn dort gilt die eigene Kultur als der letzte Anker in der Diaspora.

Alles begann am 27. Dezember 2017 mit der Initiative der mutigen Vida Movahed in Teheran. Sie kletterte unverschleiert auf einen Verteilerkasten, band ihr weißes Kopftuch an einen Stock und schwenkte es wie eine Fahne durch die Luft. Dieser Protest war ansteckend. Denn seither vergeht kaum ein Tag, an dem nicht ein neues Video in den sozialen Medien diese Art des Widerstands der Iranerinnen in die Welt hinausträgt. Viele unter ihnen wurden verhaftet und zu einer 91-tägigen Gefängnisstrafe und 80 Peitschenhieben verurteilt. Nargess Husseini, eine 32-jährige Iranerin, musste laut Teherans Staatsanwalt Abbas Dschafar Dolatabadi für ihren Protest sogar mit zwei Jahren Haft büßen. Seit der islamischen Revolution im Jahre 1979 bestimmen die Gelehrten als Vertreter der männlichen Herrschaft die Politik. Alle Frauen sind demnach gesetzlich zum Tragen des Kopftuchs verpflichtet. Und jeder Verstoß dagegen wird durch die Sittenpolizei geahndet. Solidarität gegenüber dem Schicksal dieser Frauen zeigen die westlichen Linksliberalen zumeist nicht. Während sie sich für das Tragen des Kopftuches im Westen einsetzen, hüllen sie sich über solche Zustände in Schweigen.

Hauptmotive für die Rebellion der iranischen Frauen sind anscheinend nicht nur die Beeinträchtigungen durch die Unterwerfung und ihre Sehnsucht nach Freiheit und Selbstbestimmung, sondern auch ihr Zweifel daran, dass das Kopftuch tatsächlich eine religiöse Vorschrift ist. Wenn es um die

Verschleierung und deren religiöse Legitimität geht, kann der Einsatz der Vernunft gewiss den Weg der Befreiung der muslimischen Frauen von der patriarchalischen Gesellschaft und dem hagiographischen und althergebrachten Islamverständnis der konservativen Gelehrten ebnen.

Die Ablehnung des Kopftuchs als religiöse Vorschrift hingegen stellt eine Ermutigung der Musliminnen dar, sich ihrer kritischen Vernunft zu bedienen. Das individuelle Räsonieren dient den Frauen als Rüstzeug für das Verstehen des Glaubens und des Lebens des Menschen, vor allem wenn es um koranische Themen geht, wie etwa den Schleier und die Gewalt. Nur dadurch kann die Deutungshoheit bestimmten Gruppen entzogen werden, insbesondere denjenigen unter den klassischen Gelehrten und Wortführern der konservativen Dachverbände, die ideologische Ziele verfolgen.

Die Verschleierung der Frau ist eine Intensivierung ihrer Knechtschaft, durch die ihr Körper und Geist den Vorschriften der männlichen Herrschaft unterstellt werden. Ihr Körper wird zu einem heiligen Ort erklärt, der für die Männer tabu ist. Vor der Ehe bleibt er eine verbotene Zone, die jedem Fremden verschlossen ist. Jede Handlung dagegen bedeutet die Entehrung der Familie und ist zu bestrafen. Das Ablegen des Kopftuches ist daher der erste Schritt in die Freiheit und die Selbstbestimmung und der Beginn der Wiederinbesitznahme des eigenen Körpers durch die Frau. Erst dann gehört ihr Körper nur ihr und ist keine Erbschaft, die unter der Familie aufzuteilen ist. Die Frauen täuschen sich, wenn sie glauben, dass ihre Peiniger sie befreien werden. Nur sie selbst können bestimmen, ob sie frei und ohne Verschleierung leben wollen.

Ein weiterer Aspekt, der bei den Debatten um das Kopftuch stets vergessen wird, ist die enorme gesundheitliche

Beeinträchtigung – insbesondere was heranwachsende Mädchen angeht. Leider fehlt bis heute eine ausführliche wissenschaftliche Studie zu diesem Thema. In der dunklen und trüben Jahreszeit mangelt es in Mittel- und Nordeuropa an Sonne, und das ist nicht nur schlecht für die Stimmung, sondern hat Auswirkungen auf die Gesundheit des Menschen. Sonnenlicht ist unverzichtbar, denn es ist die wichtigste Quelle für Vitamin D.

Dr. Kai Dördelmann, den ich in Karlsruhe getroffen habe, ist Facharzt für Allgemeinmedizin in Hagenbach in der Südpfalz. Zu seinen Patientinnen zählen viele verschleierte muslimische Frauen. Dr. Dördelmann ist der Meinung, dass die Frauen durch das Kopftuch und erst recht durch die Vollverschleierung in westlichen Ländern zu wenig in Kontakt mit Licht kommen. Dadurch müssen sie auf die wichtigste Quelle bei der Vitamin-D-Versorgung verzichten, da dieses Vitamin nicht vorwiegend über die Ernährung, sondern über das Sonnenlicht bereitgestellt wird. Dieser Mangel wird dadurch verstärkt, dass sich muslimische Frauen traditionellerweise viele Stunden des Tages im Hause aufhalten. Dr. Dördelmann erklärte mir: „Ich halte daher gerade bei heranwachsenden Mädchen das Kopftuch und körperlange Kleidung für ein Problem, da der Körper ja noch nicht ausgewachsen ist. Vitamin D hat einen wichtigen Einfluss auf den Knochenstoffwechsel. Meinen muslimischen Patientinnen gebe ich daher grundsätzlich Vitamin D, um diesen Mangel zu ersetzen. Ich sehe die Kleidung in ihrer Ursprungsregion durchaus als Schutz vor zu starker Sonneneinstrahlung an, ein Gebot, das sich mit den dunklen langen Wintern und den niedrigen Sonneneinstrahlungen in westlichen Ländern aber in sein Gegenteil verkehrt."

Es muss deutlich darauf hingewiesen werden, dass die

Verschleierung einem Verpacken des Körpers gleichkommt. Und somit ist das Kopftuch im Westen gesundheitsschädlich, denn die Folgen sind eine Schwächung der Knochen und der Muskulatur.

Es lassen sich einige Symptome diagnostizieren, die sich im Laufe der Jahre zu chronischen Krankheiten entwickeln können.[58] „Gerade Wachstumsstörungen, reduzierte Muskelspannung und -stärke, Knochen- und Muskelschmerzen, eine Schwächung des Immunsystems und Depressionen können die Folge des Fehlens von Sonnenlicht sein", führt Dr. Dördelmann aus. Der Mediziner ist inzwischen mit der islamischen Kultur und den Gepflogenheiten der Muslime sehr vertraut. Um die Gefühle seiner muslimischen Patientinnen nicht zu verletzen, berate er sie sehr zurückhaltend. Jedoch weise er sie deutlich auf den möglichen ernstzunehmenden Gesundheitsschaden durch das Fehlen des Sonnenlichts hin, so berichtet er, und erörtere aktiv die Nachteile mit ihnen. Er versuche ihnen deutlich zu machen, dass das Kopftuch bzw. die Körperverschleierung auf Dauer nicht gesundheitsförderlich sind. Denn die Haut benötigt Licht und Luft. Der Allgemeinarzt wies auch auf folgenden Zusammenhang hin: „Leider ist es schwierig, Vitamin D in Deutschland frei von Schweinegelatine zu erhalten, sodass der Ersatz mittels Vitaminzufuhr noch schwerer zu erreichen ist, da einige Musliminnen es aus diesem Grund ablehnen."

Es kann also festgestellt werden, dass das Tragen des Kopftuchs bzw. die Körperverschleierung in der westlichen Welt der Gesundheit der Frauen schadet. Dies scheint die Vertreter der männlichen Herrschaft jedoch nicht im Geringsten zu interessieren. Würden die verschleierten Musliminnen den ethischen Koran in Betracht ziehen, der viel

Wert auf die Unversehrtheit des Körpers legt, dann würden sie keine Sekunde zögern, das Kopftuch abzulegen. In diesem Kontext soll die folgende Koranstelle zitiert werden:

> „Und stürzt euch nicht mit eigenen Händen ins Verderben! Tut Gutes! Gott liebt diejenigen, die Gutes tun!“ (Koran 2:195)

8. Ich bin ich, und ich kann nicht anders

Die seit 2008 zum Islam konvertierte ehemalige Christin trägt bis heute in der Öffentlichkeit kein Kopftuch. Früher hieß sie Stephanie, nach ihrer Konvertierung nahm sie den Namen Huda an. Sie äußert Folgendes: „Jede Frau soll selbst entscheiden, ob die Verschleierung für sie im öffentlichen Raum relevant ist. Zur Zugehörigkeit zum Islam gehören meiner Meinung nach nur die fünf Säulen und die sechs Glaubenssätze. Dabei kommt das Kopftuch als islamische Vorschrift nicht vor. Es steht lediglich im Koran, dass Mann und Frau sich ordentlich und sauber zu kleiden haben. Es gibt unglaublich viele gläubige Musliminnen, die im Alltag kein Kopftuch tragen, jedoch halten sie sich an die gottesdienstlichen Handlungen, wie etwa an das Gebet, das Fasten, den Besuch in der Moschee. Die Vielfalt innerhalb der Gemeinschaft der Muslime ist groß." Dies ist eine mutige Haltung einer Konvertitin, die nicht unbedingt von allen Neomusliminnen vertreten wird. Denn viele unter ihnen wissen, dass sie nur durch das Tragen des Kopftuchs in der neuen Gemeinde akzeptiert werden. Die 24-jährige Souhila, deren Eltern aus Jordanien stammen, schließt sich der Ablehnung der Verschleierung an: „Mit Kopftuch werde ich von der Mehrheit der Gesellschaft ausgegrenzt. Darüber hinaus fühle ich mich durch das Kopftuch unsichtbar und gleichzeitig von anderen in der Öffentlichkeit beobachtet."

Obwohl das Kopftuch als religiöse Vorschrift unter den Muslimen umstritten ist, betrachtet es die Soziologin Nilüfer Göle als eine Beziehung zwischen Gott und der Frau, die geeignet ist, den Glauben zu stärken. Es ist ihr zufolge eine Haltung, die die Frauen „Allah näherbringt."[59] Hierbei handelt es sich um eine Sichtweise, die der Argumentation der männlichen Herrschenden folgt, wonach die Verschleierung eine religiöse Vorschrift ist. Göle verschweigt außerdem, dass das Kopftuch auch ein Symbol der Unterwerfung der Frauen ist und dass Strafmaßnahmen vorgenommen werden, um die Frauen zur Einhaltung dieser Vorgabe zu zwingen. Die vorhin erwähnte Konvertitin ist eine selbstbewusste Islamwissenschaftlerin. Sie hat sich vermutlich mit den kanonischen Quellen des Islam auseinandergesetzt. Wenn sie beim Gebet und beim Besuch der Moschee ihre Haare bedeckt, ist das ihre eigene Entscheidung, die zu respektieren ist. Möglicherweise lehnt sie die Kopfbedeckung in der Öffentlichkeit ab, weil sie glaubt, dass die Verschleierung „in die vollständige Anonymität"[60] führt und sie als Person unerkennbar wird. Denn sie will sichtbar bleiben, damit sie als Mensch wahrgenommen wird und nicht als namenloser Körper hinter einem Stück Stoff. Sie möchte auch nicht, dass sie in der Öffentlichkeit auf ihre Unsichtbarkeit reduziert wird und dies als ihre kulturelle Identität gedeutet wird. Viele muslimische Frauen vertreten diese mutige, differenzierte Sichtweise. Sie macht deutlich, dass die Verschleierung keine Individualisierung der Religion bedeutet, denn sie kommt nicht aus dem tiefsten Inneren einer Muslimin. Das Kopftuch ist ein Akt der Verinnerlichung des Unterwerfungsprozesses.

Diese Sichtweise wird auch von dem Psychoanalytiker Fethi Benslama vertreten. Ihm zufolge ist die Verschleierung der Frau im Islam anzusehen als „Gefecht an Repression und der damit verbundenen sozialen Erniedrigung."[61] Er äußert sich deutlich über die islamische Theologie, die den weiblichen Körper unsichtbar machen und ihn einsperren will.

Ihm zufolge soll die soziale Integration der Musliminnen durch die Kopfbedeckung außerhalb der Familie und der Gemeinde verhindert werden. Die religiös-soziale Integration der Frauen innerhalb dieser beiden Institutionen soll aus ihnen hingegen gläubige Musliminnen machen, die zu gehorchen haben. Politisch gesehen wird die Zugehörigkeit zur Gemeinde durch das Äußere der Frauen festgelegt – es zeigt an, wer die wahren Musliminnen sind. Frauen, die keine Kopfbedeckung tragen, werden nicht als „wahre Musliminnen", sogar als „nichtgläubige Musliminnen" betrachtet. Die männliche Herrschaft blendet bewusst einen koranischen Vers (Koran 33:51) der medinensischen Zeit aus. Er handelt davon, dass man Gott im Herzen haben soll und es nicht auf Äußerlichkeiten ankommt. Anscheinend spielt es für Gott überhaupt keine Rolle, wie die Muslime sich kleiden, sondern nur das ist von Bedeutung, was in ihren Herzen vorgeht. Dieser Koranvers wird durch eine Aussage des Propheten bestätigt. Muḥammad soll gesagt haben: „Gott sieht nicht euer Äußeres, sondern eure Herzen."[62]

Durch seine pluralistische Entwicklung ist der Islam in der heutigen Situation nicht mehr derselbe wie der Islam des Propheten in der Zeitspanne zwischen 610 und 632. Daher müssen die Musliminnen nicht zu Dienerinnen der männlichen Herrschaft gemacht werden, deren Macht durch die klassische Theologie legitimiert wird. Diese blinde Nachahmung althergebrachter Zustände versperrt den Weg für die Anwendung der kritischen Vernunft. Und frei zu sein und sich für die eigene Lebensform zu entscheiden, bedeutet, dass die patriarchale Herrschaftsordnung ad acta gelegt und in das historische Archiv der kollektiven Identität der Muslime verfrachtet wird. Die Anwendung der Vernunft postuliert die Selbstbestimmung, Unabhängigkeit und Emanzipation im Denken und Handeln. Das Äußere der Frau spielt dabei keine Rolle. Anstelle der Unterwerfung unter die männliche Herrschaft können muslimische Frauen ein neues Selbstverständnis erlangen, das sie begleitet auf dem Weg der Aufklärung des Islam, der sich von äußeren Zwängen und auferlegten Vorschriften unabhängig macht.

Der Islam bedeutet mehr als die fünf Säulen und die Glaubenslehre, nämlich auch gutes Handeln im Interesse der Menschheit. Deshalb lässt sich der Islam nicht auf das Äußere der Musliminnen und Muslime reduzieren. Wer etwas tut, was gerecht ist, wer Gutes tut, sei er ein Mann oder eine Frau, und dabei gläubig ist, den wird Gott ein gutes Leben leben lassen (Koran 16:97). Und wenn einer Rechtschaffenes tut, tut er es zu seinem Vorteil, wer aber etwas Böses tut, tut es zu seinem Nachteil (Koran 41:46; 45:15). Hierbei spielt das Kopftuch keine Rolle. Die „Wohltat“ und das „gute Handeln“ stellen in der Praxis die Brücke dar, die alle Menschen trotz ihrer Unterschiede miteinander verbindet. Eine Muslimin kann auch ohne Kopftuch an Gott glauben und andere Menschen respektieren. Daher ist es fatal für das friedliche Zusammenleben, wenn der Islam auf das Äußere der Frauen reduziert wird.

Die Schemata der verschiedenen Funktionen der Verschleierung sollen in diesem Kontext kurz besprochen werden. Sozial gesehen soll diese Form der Bekleidung das Anderssein nach außen hin betonen. Sie dient zur Aufnahme und zur Integration der Einzelnen in der Gemeinde der Muslime. Dadurch fühlen sich die Frauen als Mitglied einer Glaubensgemeinschaft und bestens aufgehoben, besonders wenn sie sich in ihrem Alltag von anderen Menschen ausgegrenzt fühlen. Auch als Anker der eigenen kulturellen Identität wird die Körperbedeckung aufgefasst, denn die muslimischen Frauen sind den Versuchungen der Freiheit und der Freizügigkeit in der säkularen Gesellschaft ausgesetzt.[63] Die Gefahr vor dem Verlust der eigenen Identität kann sehr bedrohlich wirken.

Der Satz „Ich gehorche nicht mehr" sollte zur Prämisse der selbst gewählten Freiheit werden. Denn der männlichen Herrschaft muss durch die reflektierende Vernunft der Prozess gemacht werden. Frauen, die die Unterwerfung unter die männliche Dominanz ablehnen, kann nicht verweigert werden, dass sie frei leben möchten. Sie wollen über ihren Körper und Geist entscheiden. Frauen mit Kopftuch können gegen das Regieren der männlichen Herrschaft protestieren und revoltieren. Hierbei geht es um das Herstellen eines Bündnisses, um ihr gemeinsames Interesse zu verwirklichen. Es genügt nicht, sie durch Kontrolle oder durch die Strafe der Isolation zum Schweigen zu bringen. Und alle freidenkenden und liberalen Muslime können sich mit ihnen solidarisch zeigen, denn die Freiheit der muslimischen Frauen und ihre Würde sind unantastbar.

Der Widerstand gegen die Unterdrückung der Frauen ist ein Kampf gegen die Autorität der männlichen Herrschaft. Es handelt sich um einen mittelbaren Kampf, wodurch den Machtstrukturen der Unterwerfung der Frauen ein Ende gesetzt wird. Die Vertreter der männlichen Macht ebenso wie die bereits unterdrückten Mütter, Schwestern, Brüder und Väter dürfen nicht als Feinde betrachtet werden, denn sie selber sind Opfer der islamischen Disziplinarkultur und einer mangelnden Aufklärung. Mit Kampf meine ich ein Aufklärungsprogramm auf der Basis der kritischen Vernunft, dessen Aufgabe es ist, die Machtstrukturen der männlichen Herrschaft zu enthüllen und dabei zu zeigen, dass das Kopftuch nichts anderes als ein Instrument zur Beschlagnahmung der Freiheit der Frauen ist. Es geht auch um eine sachliche und differenzierte Analyse der Disziplinarmethoden, die aus den Menschen Regierte und Beherrschte machen. Der Status der Frau innerhalb der patriarchalischen Gesellschaftsformen muss deshalb in Frage gestellt werden. Jede Muslimin hat, wie alle anderen Frauen in der westlichen Kultur, das Recht, anders zu sein und damit ihre Individualität zu erleben.

Anderssein bedeutet, ohne Kopftuch zu leben. Es wendet sich gegen das, was die Frauen von ihrer westlichen Umwelt isoliert oder von anderen Menschen trennt. Das Anderssein will die Gemeinde der Muslime nicht spalten, sondern lediglich ermöglichen, frei zu leben, für sich selbst zu entscheiden, über sich selbst zu verfügen und über das eigene Dasein zu bestimmen. Selbstbewusste muslimische Menschen sind sich der Tatsache bewusst, dass der Widerstand gegen die Unterdrückung der Frauen durch die männliche Herrschaft nichts anderes ist, als über die bestehenden Machtformen zu reflektieren. Dabei ist es wichtig zu begreifen, wie die Macht der Unterwerfung funktioniert. Dabei ist auch von Bedeutung, dass die Frauen darüber nachdenken und verstehen, welche Rolle sie bei der Erzeugung der Unterdrückung spielen. Bei diesem Kampf für die Freiheit der muslimischen Frauen geht es nicht nur darum, wer sie sind und wie sie leben wollen. Vielmehr ist es wichtig, dass sie selbst es sind, die durch Reflexion entdecken, wer sie sind, und dass sie selbst bestimmen, wie sie leben und was sie anziehen. Erst dadurch werden sie zu Gestalterinnen ihres eigenen Lebens.

Man muss deutlich darauf hinweisen, dass die Befreiung der muslimischen Frauen keine Handlung gegen die Familie, die muslimische Gemeinde oder gar gegen den Islam ist. Der Widerstand richtet sich gegen den Missbrauch der Religion für die eigenen Interessen. Er wendet sich außerdem gegen jene verklärte Interpretation des Koran, bei der die männliche Herrschaft behauptet, das Kopftuch sei eine religiöse Vorschrift. Zu dieser gedanklichen Aufarbeitung gehört die Erkenntnis, dass die Koranverse, die zur Unterwerfung der Frauen dienen, nur in ihrer Entstehungssituation verstanden werden können. Sie passen nicht mehr zu unserer Zeit. Und es ist kein Verbrechen, wenn der Koran gemäß der Zeit interpretiert wird. Dadurch lassen sich die Machttechniken und die Art der Unterwerfung der Frauen aufklärend in Frage stellen. Es wird ersichtlich, dass diese Machtstrukturen nichts anderes wollen, als die Frauen der Herrschaft anderer zu unterstellen und sie durch Abhängigkeiten einzuschränken. Genauer gesagt: Es lässt sich eine männliche Herrschaft identifizieren, die die Frauen unterdrücken und unterjochen will.

Die Hauptaufgabe besteht heute zweifellos darin, dass die muslimischen Frauen herausfinden, was sie sind, was die männliche Herrschaft aus ihnen gemacht hat und wie sie deren Machtmethoden unterworfen werden. Erst dann könnte es gelingen, dass die Frauen es ablehnen, was die männliche Herrschaft aus ihnen als unterworfenen Menschen gemacht hat und welche Mittel sie dabei einsetzte. Es geht darum, sie von ihren politisch-sozialen Zwängen zu befreien, und zwar auf dem Wege, dass die Frauen künftig über sich selbst bestimmen und über sich selbst regieren.

Schon in der Grundschule sagen verschleierte Mädchen, dass das Kopftuch eine religiöse Vorschrift ist. Erwachsene Musliminnen behaupten, dass ihre Verschleierung zu ihrer kulturellen Identität gehört. Inzwischen wissen viele von ihnen, dass das Kopftuchgebot in religiöser Hinsicht umstritten ist. Denn seine Verfechter haben keinen überzeugenden

Beweis. Daher rücken sie die religiöse Legitimation in den Vordergrund, denn sie wissen genau, dass viele Muslime dem nicht widersprechen werden. Es erscheint auch nicht mehr vertretbar, dass bestimmte Koranstellen dem kollektiven Zwang dienen. In der Grundschule werden schon sehr junge Mädchen dazu gezwungen, das Kopftuch zu tragen, wodurch ihnen ihre unschuldige Kindheit geraubt wird. Deshalb kann man sagen, dass es auch eine Religion bzw. Kultur ohne Verschleierung gibt.

Mut zur Wahrheit bedeutet deshalb in diesem Zusammenhang, das eigene Leben selbst zu bestimmen und die Überzeugung, dass das Kopftuch ein politisches Werkzeug für die Unterwerfung ist, den Vertretern der männlichen Herrschaft mitzuteilen. Eine Muslimin, die das Kopftuch ablehnt, ablegt oder kritisiert, will bewusst diese von ihr durch kritische Vernunft gewonnene Überzeugung vermitteln. In ihren Bemühungen um die Wahrheit möchte sie ihre Meinung sagen. Und dies bedeutet, dass sie auch von dieser Wahrheit überzeugt ist. Sie kann sie dadurch deutlich machen, indem sie kein Kopftuch tragen will oder ihre Position dazu kundtut. Sie braucht nichts davon zu verbergen oder zu verschleiern. Ein Leben ohne Kopftuch ist an der Wahrheit ausgerichtet, die die Frauen selbst im Rahmen ihrer kritischen Auseinandersetzung mit dem Kopftuch entdecken werden.

Gewiss ist es kein einfaches Unternehmen, die bestehenden festen Überzeugungen bezüglich der kulturellen Identität in Frage zu stellen bzw. zu kritisieren. Dennoch haben diese freimütigen Frauen den Drang und den Mut zur Freiheit. Mit Freimütigkeit ist hier gemeint, dass sie ehrlich sind, die Wahrheit äußern und anders leben. Sie sind in der Lage, ohne Furcht ihre Meinung zu sagen und anzuziehen, was sie möchten. Sie bringen all das auch im öffentlichen Raum zum Ausdruck. Sie tun dies ohne Verklausulierungen, ohne rhetorische Ausschmückungen und ohne Kompromisse und ohne Angst vor der Reaktion der männlichen Obrigkeit. Die freimütigen Musliminnen können dabei auch kritisch mit der Erziehung zur Unterwerfung umgehen. Ihre Freimütigkeit im Denken, Mitteilen und Erleben bedingt ihre Selbstbestimmung ohne Angst vor den Strafmaßnahmen durch die männliche Herrschaft. Sie tun also alles ohne Furcht vor der Reaktion des Anderen.[64]

Mutig und frei zu sein, wenn es um den Islam geht, ist freilich keine einfache Aufgabe, denn im Islam unterscheiden die konservativen Muslime nicht immer zwischen Kritik und Schmähung. Sogar die sachliche und die differenzierte Kritik werden als Verrat an der eigenen Religion betrachtet, und Muslime, die offen ihre Meinung äußern, werden als Nestbeschmutzer angesehen. Solche mutigen Frauen sind gefährlich für die Macht der männlichen Herrschenden, weil sie erstens selbstbewusst sind und sich zweitens für die Freiheit entschieden haben. Sie hegen Zweifel an den vorgebrachten Beweisen für die Notwendigkeit der Verschleierung und bringen dadurch die männliche Herrschaft in Verlegenheit. Daher sind solche Musliminnen den Strafsanktionen der Vertreter der männlichen Obrigkeit ausgesetzt. Und diese reagieren despotisch auf die Kritik, denn ihre Macht wird durch die neue Wahrheit ins Wanken gebracht.

Die Musliminnen sollten sich trotzdem grundsätzlich nicht in Zurückhaltung üben. Im Gegenteil, ihre Pflicht und ihre Aufgabe bestehen darin, frei zu leben, sich selbst zu verwirklichen und zu entfalten. Sie sollten sich vor Augen führen, dass sie nicht das Recht haben, sich dieser ethischen

Verantwortung zu entziehen. Solche Überzeugungen können den Zorn und die Wut der Vertreter der männlichen Herrschaft hervorrufen. Dies kann so weit reichen, dass sie kontrolliert, denunziert, isoliert und in die Heimat ihrer Eltern verbannt werden. Anders ausgedrückt: Sie gehen das Risiko der Feindseligkeit, des Hasses und der Ausgrenzung ein. Jedoch muss betont werden, dass die Freiheit einen Preis hat. Und dass dieses Verhalten der erste Schritt ist in ein bewusstes Leben frei von den Fesseln der eigenen Kultur.

Einige Musliminnen tragen das Kopftuch nach der Eheschließung, weil sie dazu von ihrem Ehemann gezwungen werden. Manche unter ihnen tun das aus Liebe zu ihm. Der Mut zur Freiheit sollte innerhalb einer Ehe jedoch keine Kompromisse zulassen, denn sonst werden die Ehefrauen zum Opfer ihrer Liebe. Das Kopftuch nicht zu tragen oder abzulegen, bedeutet nicht, dass die Frauen ihre nächsten Mitmenschen nicht respektieren würden. Vielmehr geht es letztendlich darum, jegliche patriarchale Gesellschaftsordnung außer Kraft zu setzen. Dies ist ein bewusst gewählter Leitgedanke, umsetzen müssen ihn die Frauen entsprechend ihrer eigenen Erfahrung und Interessen.

„Ich bin ich, und ich kann nicht anders" – als bewusst gewähltes und anhand der kritischen Vernunft entworfenes Lebensmotto kann dieses jede Frau im Rahmen ihres Denk- und Entwicklungsprozesses begleiten. Es stellt den Ausweg dar, den eine muslimische Frau aus ihrer selbst verschuldeten Unmündigkeit beschreiten kann. Ihre Mündigkeit ist das Vermögen, sich des Verstandes ohne Leitung eines anderen zu bedienen.[65] Diese Musliminnen bringen zweifellos den Mut auf, sich ihres eigenen Verstandes fern von jeglicher autoritären Herrschaft zu bedienen, damit sie sich ihrer selbst auferlegten oder ihrer von den anderen aufgezwungenen Unmündigkeit entledigen. Und sie sind durchaus in der Lage, selbst Entscheidungen zu treffen. Die Bewusstwerdung ihrer Situation und ihrer Möglichkeiten ist für die Frauen der Beginn eines Selbstbefreiungsakts aus ihrer Unmündigkeit. Und die eigene Entwicklung von der Unmündigkeit in Richtung Mündigkeit ruft gewiss den ewigen Frieden mit sich selbst und mit den anderen hervor, auch wenn der Weg am Anfang holprig sein wird.

9. Anmerkungen

1 Michel Foucault: Die Regierung des Selbst und der anderen. Vorlesung am Collège de France 1982/83, Frankfurt a. M. 2012, S. 58.

2 Trotz unterschiedlicher Formen der Körperbedeckung vertritt der Autor die Sichtweise, dass sämtliche Formen der Verhüllung ein Symbol für die Kontrolle des Körpers und des Geistes der Frauen darstellen.

3 Andreas Blank: Einführung in die lexikalische Semantik, Tübingen 2001, S. 47f.; Georg Lakoff: Women, fire and dangerous things: What categories reveal about the mind, London 1987, S. 25ff.

4 Vgl. Tilman Nagel: Angst vor Allah? Auseinandersetzung mit dem Islam, Berlin 2014, S. 7ff.

5 Nagel: Angst vor Allah?, S. 8f.

6 Näheres siehe Kapitel „Die Kunst der Macht: Herrscher und Beherrschte“.

7 Qāsim Amīn: Die Befreiung der Frau, übersetzt v. Oskar Rescher, bearbeitet und mit einer Einleitung versehen von Samil Balič, Würzburg/Altenberg 1992.

8 Muhammad Khalid Masud/Brinkley Messick/David S. Powers: Muftis, Fatwas, and Islamic Legal Interpretation, in: Muhammad Khalid Masud/BrinkleyMessick/David S. Powers (Hrsg.): Islamic Legal Interpretation: Muftis and their Fatwas, Cambridge 1996, S. 3–32, hier S. 14f.; Birgit Krawietz: Der Mufti und sein Fatwa, in: Die Welt des Orients 26 (1995), S. 161–180, hier S. 173f.; Wael B. Hallaq: From Fatwās to Furū‘: Growth and Change in Islamic Substantive Law, Islamic Law and Society, Leiden 1994, Bd. 1, S. 29–65, hier S. 65; Johannes Benzing: Islamische Rechtsgutachten als volkskundliche Quelle, Wiesbaden 1977, S. 4.

9 Hierbei wird auf die Sichtweise von Yūsuf ʻAbdallāh al-Qaraḍāwī verwiesen. Er betrachtet die neuen Massenmedien, insbesondere das Internet, als ein Geschenk Gottes, die der Verbreitung des islamischen Glaubens in der globalisierten Welt dienen sollen. Janet Kursawe: Yūsuf ʻAbdallāh al-Qaraḍāwī (Yusuf Abdallah al-Qaradawi), in: Orient 44 (2003), S. 523–530, hier S. 528f.; Gerhard Hoffmann: Zu aktuellen sozialen Dimensionen der arabischen Fatwa-Ratgebung, in: Orient 47 (2006), S. 371–386, hier S. 384.

10 Jannis Hagmann: Medienkontrolle durch Medienbesitz? – Presse, Rundfunk und Internet in Saudi-Arabien, in: Ulrike Freitag (Hrsg.): Saudi-Arabien. Ein Königreich im Wandel?, Paderborn u.a. 2009, S. 107–134, S. 121ff.

11 Vgl. Elisabeth Beck-Gernsheim: Wir und die Anderen, Frankfurt am Main 2004, S. 11.

12 Fethi Benslama: Psychoanalyse des Islam, Berlin 2017, S. 193.

13 Pierre Bourdieu: Sozialer Sinn. Kritik der theoretischen Vernunft, Frankfurt a. M. 1987, S. 128

14 Sylvaine Pasquier: „Wenn schon sterben, dann ohne Schleier". Frauen in Algerien, in: Fokus Magazin Nr. 46 (1995). Online: https://www.focus.de/panorama/reportage/frauen-in-algerien-wenn-schon-sterben-dann-ohne-schleier_aid_154903.html (09.03.2018); Ghania Moufok: Die algerischen Frauen im Krieg, in: Peuples Méditerranéens n° 70–71, janvier-juin 1995, 155–175.

15 Romain Leick: „Algerien – Salafisten und Gia-Kämpfer", in: Spiegel Special, 29.06.2004. Online: http://www.spiegel.de/spiegelspecial/a-306862.html (10.04.2018).

16 Wassyla Tamzali: „Die ganze Welt hat weggesehen", in: EMMA, 30. Januar 2015. Online: https://www.emma.de/artikel/verzeih-mir-katia-318377 (10.04.2018).

17 Nassima Bengana: „Nassima rend hommage à sa soeur Katia Bengana", in: Le Martin d'Algérie, 27. Februar 2016. Online: http://www.lematindz.net/news/19975-nassima-rend-hommage-a-sa-soeur-katia-bengana.html (09.10.2018).

18 Michel Foucault: Überwachen und Strafen. Die Geburt des Gefängnisses, Frankfurt am Main [16]2016, S. 38.

19 Pierre Bourdieu: Die männliche Herrschaft, Frankfurt am Main [2]2013, S. 12.

20 Birgit Krawietz: Hierarchie der Rechtsquellen im tradierten sunnitischen Islam, Berlin 2002, S. 63ff.

21 Klaus Spenlen: Auf dem Weg zum Islamischen Religionsunterricht – Chancen, Grenzen sowie Lösungsversuche der Länder, in: Michael Kiefer/Eckart Gottwald/Bülent Ucar (Hrsg.): Auf dem Weg zum Islamischen Religionsunterricht, Berlin 2008, S. 21–32, hier S. 26.

22 Abdel-Hakim Ourghi: Reform des Islam. 40 Thesen, München 2017, S. 137f.

23 Jürgen Habermas: Theorie des kommunikativen Handels. Zur Kritik der funktionalistischen Vernunft, Bd. 2, Frankfurt am Main [4]1987, S. 79f.

24 Der sehr umstrittene Rechtsgelehrte al-Qaraḍāwī, der aus Ägypten stammt und seit 1961 in Katar lebt, gilt als religiöse Autorität und als Vorbild für den konservativ-politischen Islam. Durch seine regelmäßige Predigtserie „Die Scharia und das Leben" im Fernsehsender Al Jazeera ist er zu einem globalen Star-Mufti (Rechtsgutachter) geworden. Bettina Gräf/Jakob Skovgaard-Petersen (Hrsg.): The Global Mufti. The Phenomenon of Yusuf Al-Qaradawi, London 2008.

25 Vgl. Avishai Margalit: Politik der Würde. Über Achtung und Verachtung, Frankfurt am Main 1999, S. 153.

26 Mouhanad Khorchide: „Und was sagen die betroffenen Kinder dazu?", in: derStandard.at, 8. April 2018. Online: https://derstandard.at/2000077553445/Kopftuchdebatte-Und-was-sagen-die-betroffenen-Kinder-dazu (10.04.2018).

27 Mansur Seddiqzai: „Wie freiwillig ist die Entscheidung?", in: Zeit online, 5. April 2018. Online: http://www.zeit.de/gesellschaft/zeitgeschehen/2018-03/kopftuch-islam-frauen-freiheit-unterdrueckung-zukunft/komplettansicht (08.04.2018).

28 Rita Breuer: Liebe, Schuld & Scham. Sexualität im Islam, Freiburg/Basel/Wien 2016, S. 27.

29 Ebd., S. 33.

30 Koran (7:19–22); Cornelia Schöck: Adam im Islam. Ein Beitrag zur Ideengeschichte der Sunna, Berlin 1993, 97ff.; Abdel-Hakim Ourghi: Auch die Engel sprachen mit Gott im Koran. Die *parrhesia* der Engel, in: DER ISLAM 85 (2008), S. 360–397, hier S. 368f.

31 Vgl. Ceylan: Islamische Religionspädagogik, in: Moscheen und Schulen, S. 61ff.

32 Abdel-Hakim Ourghi: Einführung in die Islamische Religionspädagogik, Ostfildern 2017, S. 84ff.

33 Lisa Nimmervoll: „Emel Zeynelabidin: ‚Das Kopftuch kann ein Stempel fürs Leben werden'". Interview, in: derStandard.at, 27. März 2018. Online: https://mobil.derstandard.at/2000076831716/Emel-Zeynelabidin-Das-Kopftuch-kann-ein-Stempel-fuers-Leben-werden?ref=article (18.03.2018).

34 Ebd.

35 Nilüfer Göle: Europäischer Islam. Muslime im Alltag, Berlin 2016, S. 147f.

36 Ursula Scheer: „Musliminnen müssen sich nicht verhüllen." Gespräch mit Emel Zeynelabidin. In: faz.net, 10.04.2015. Online: http://www.faz.net/aktuell/feuilleton/debatten/emel-zeynelabidin-ueber-den-kopftuchstreit-13527525.html (28.03.2018).

37 Vgl. Eckard Meinberg: Das Menschenbild der modernen Erziehungswissenschaft, Darmstadt 1988, S. 3ff.

38 Vgl. Michel Foucault: Analytik der Macht, Frankfurt am Main, ^{6}2015, S. 129.

39 Ebd., S. 155f.

40 Ebd., S. 157.

41 Ebd., S. 158.

42 Helene Aecherli: „Das Kopftuch ist Marketing der Islamisten". Interview mit Elham Manea, in: Annabelle.ch, 5. April 2018. Online: http://www.annabelle.ch/leben/gesellschaft/%C2%AB-kopftuch-ist-marketing-islamisten%C2%BB-47824 (26.7.2018)

43 Bourdieu: Die männliche Herrschaft, S. 8.

44 an-Numai: aš-Šihāb, S. 12.

45 ʿAbd al-Azīz Ibn Marzūq aṭ-Ṭarīfī: al-Ḥiǧāb fī š-šarʿ wa-l-fiṭra, Riad 2015, S. 29f.

46 Ebd., S. 28f.

47 Ourghi: Reform des Islam. 40 Thesen, S. 133f.

48 Fatima Mernissi: Der politische Harem. Mohammed und die Frauen, Freiburg [4]1989, S. 113ff.; Reyhan Şahin: Die Bedeutung des muslimischen Kopftuchs, Berlin 2014, S. 130.

49 Bei den im gesamten Buch zitierten Koranübersetzungen handelt es sich um eigene Übersetzungen des Autors.

50 Hans-Georg Gadamer: Gesammelte Werke 2. Hermeneutik II. Wahrheit und Methode, Tübingen [3]1999, S. 279ff.

51 Rotraud Wielandt: Die Vorschrift des Kopftuchtragens für die muslimische Frau: Grundlagen und aktueller innerislamischer Diskussionsstand, in: http://www.deutsche-islam-konferenz.de/SharedDocs/Anlagen/DIK/DE/Downloads/Sonstiges/Wielandt_Kopftuch.pdf?__blob=publicationFile (20.07.2017).

52 Šaḥrūr: Naḥwa uṣūl ǧadīda li-l-fiqh al-islāmī. Fiqh al-mar'a, Damaskus 2000, S. 364ff.

53 Hatice Kahraman: „Ich setze mit dem Kopftuch ein feministisches Zeichen". In: bento.de, 04.10.2015. Online: http://www.bento.de/gefuehle/muslima-erzaehlen-warum-sie-kopftuch-tragen-16122/ (06.03.2018).

54 Ursula Scheer: „Musliminnen müssen sich nicht verhüllen." Gespräch mit Emel Zeynelabidin. In: faz.net, 10.04.2015. Online: http://www.faz.net/aktuell/feuilleton/debatten/emel-zeynelabidin-ueber-den-kopftuchstreit-13527525.html (28.03.2018).

55 Daniel Gimaret: Les noms divins en Islam. Exégèse lexicographique et théologique, Paris 1988, S. 288f.

56 Michel Foucault: Hermeneutik des Subjekts, Frankfurt am Main 2009, S. 16f.

57 Bassam Tibi: Europa ohne Identität? Leitkultur oder Wertebeliebigkeit, München 1998, S. 51f.

58 https://www.zentrum-der-gesundheit.de/vitamin-d-mangel-symptome-ia.html (27.05.2018).

59 Nilüfer Göle: Europäischer Islam, S. 146.

60 Abdelwahab Bouhdiba: La sexualité en Islam, Paris 1975, S. 50.

61 Fethi Benslama: Psychoanalyse des Islam, S. 193f.

62 Muslim, Buch über die Pietät, Beziehung und Wohlerzogenheit, (4/1986), Nr. 2564.

63 Vgl. Martin Baumann: Migrant Settlement, Religion, and Phases of Diaspora, in: Migration, Heft 33/34/35 (2002), S. 93-117, hier S. 97ff.

64 Vgl. Michel Foucault: Diskurs und Wahrheit. Berkeley-Vorlesung 1983, übers. v. Mira Köller, Berlin 1997, S. 9f.; ders.: Le courage de la vérité. Le gouvernement de soi et des autres. II. Cours au Collège de France. 1984, Paris 2009, S. 11; siehe auch die deutsche Übersetzung: Der Mut zur Wahrheit, übers. v. Jürgen Schröder, Berlin 2010, S. 24ff.

65 Immanuel Kant, Beantwortung der Frage: Was ist Aufklärung?, in: Berlinische Monatsschrift, Dezember 1784, S. 481–494.